自閉症という知性

池上英子 Ikegami Eiko

NHK出版新書
580

自閉症という知性　目次

第5章　「うわわオバケ」が開いた世界――高橋紗都さんの場合……203

第6章　インテリジェンスの多様性を求めて……249

校閲　福田光一
DTP　㈱ノムラ

プロローグ

多様性の街・ニューヨークから

窓の向こうに、セントラルパークの緑がほんの少しだけ見える。この自宅から勤務先の大学までは、ニューヨーク名物のサブウェイ（地下鉄）を使って通う。そんな日常をもう二〇年ほど続けてきた。

このあたりの地下鉄は、日本的な基準でいうとかなり汚くて狭い。長方形の白タイルを張りつめた壁とモザイクで飾られたレトロな駅は、この都会が重ねてきた日々の味わいを醸し出している。だが、そんな地下鉄がニューヨークを象徴するのは、なにより多様な乗客たちが発生させる雑多なエネルギーのせいだろう。車両のなかをスイングして歩く高齢者シンガーもいれば、駅には大道芸人やミュージシャンたちの発する音が鳴り響く。

多様な人がいて、それらの人々がものすごい勢いで交差する。だからこそ、この街では新しいアイデアやイノヴェーションが生まれるのだ。ニューヨークに住むようになってから、ダイバーシティ（多様性）という言葉が創造性とリンクしていることが、身にしみて感じられるようになった。

これまでダイバーシティという言葉は、人種、文化、ジェンダー、セクシュアリティ、障害者など、さまざまなマイノリティの「あるがままの価値」を発見し、配慮するものとして理解されてきた。しかしダイバーシティは、創造性の拡大を目指す社会にとっては積極的価値でもある。私たちは、それぞれが同じものを見たり感じたりしていても、同じように認識しているとは限らないし、それを表現するための方法も人によって異なる。

いまや多様性のフロンティアは、われわれの頭の中にあると言えるかもしれない。そのことを言い表したのが、「ニューロ・ダイバーシティ」（神経構造の多様性）という言葉だ。

ニューロ・ダイバーシティは、多文化主義や個性主義よりもラディカルで根源的だ。だから私は、もし最近の科学的な知見に基づく概念のなかから、現代日本の社会的な閉塞感を突破するために有効なキーワードを一つ挙げるとすれば、それはニューロ・ダイバーシティではないかと思う。この言葉に従えば、自閉症スペクトラムやＡＤＨＤ（注意欠陥・多動性障害）などの「発達障害」も、脳の正常なバラエティの一つの形であるという発想、脳の個性であり特性だという視点につながる。いわゆる「発達障害」は「発達個性」でもあるのだ。

「絵で考える」学生との出会い

私が勤務する大学院の社会学のゼミでも、ニューロ・ダイバーシティの重要性を実感させる出来事があった。

そのゼミには世界中から院生が来ていて、仮想通貨の意味論を追求するドイツ人学生や、「信用」とは何かを研究するアルゼンチンの学生たちが、期末課題の論文作成を目指していた。そんななか、ある発展途上国から来たラフィ君（仮名）が悩んでいた。

「そもそも僕は、論文のような文章を書くのが苦手なことがわかった」

ラフィは肩をまるめて言う。彼は、母国でも英語でエリート教育を受けており、「書けない」といっても語学の問題ではない。「自分がやりたいことを、もっと自由にやってみたら」。彼にはそのようなアドバイスをしたと記憶している。

数週間後の授業で、ラフィはイラスト入りのチャートを次々と教室のスクリーンに投影し、いきいきと発表をはじめた。社会構造の分析を視覚的に図式化した発表だった。どうやらラフィは、期末論文の代わりに、チャートをシミュレーションするソフトウェアを提出するつもりらしい。私は、なにかピンときて尋ねてみた。

「ラフィさんは、言葉より絵で考えるほうが得意なの？」

すると、子どものころからそうなのだという。

絵や写真のように問題を把握し、そのイメージを積み重ねて物事を分析する――。ラフィは、いわゆる「視覚優位」の認知特性を持っているようだ。ここでいう認知特性とは、世界を深く理解するうえで、よりやりやすい方法のことだ。ラフィは、頭の中では絵や写真のようにして「見えている」のだが、その分析を時間軸に沿って言葉で表現し、論文という形で他者に説明をするのが苦手らしい。

認知特性は「生まれつき」の部分がかなり大きいが、本来はどれが正解というものではない。だが、おおまかに多数派と少数派という違いがあるだろう。たとえば、文系の大学院のゼミに来るような人間は、どちらかと言えば、いわゆる言語を使うのが得意な、言語優位の認知特性を持つ人が多い。そもそも学校教育は言語を仲立ちにして行われる。だからラフィは、このクラスでは認知特性のマイノリティだ。

ラフィは発達障害と診断されているわけではないが、「非定型インテリジェンス」を持つ人と言っていいだろう。だが、「絵で考える」というラフィの才能を活かす場は、現代の米国社会にはいくらでもありそうだ。それに、科学や学問の現場では、さまざまな認知のくせを抱えた人たちが、チームとして協働するケースは多い。

非定型＝マイナスではない

これまで私は、ニューヨークを拠点にして、普通とは異なる方法で世界を認識する人々と交流してきた。そのなかには、自閉症スペクトラムの人々も数多くいる。私は当事者たちの話をじっくりと聞くなかで、自閉症という知性の複雑さと深さ、豊かさに魅了されていた。

さらに、発達障害の診断は受けていないが、世界を違った方法で見たり感じたりするラフィのような人たちにも出会った。そのなかには、才能と環境に恵まれ、一流のアーティストや学者と見なされる人もいる。彼らの認知特性と、いわゆる「発達障害」とされる人たちの認知特性は、時に地続きであるように見えた。

先ほども使った「非定型」という言葉は、マイナスや障害ということを意味しない。ごく単純に言えば、「少数派の神経回路の発達のあり方」という意味で、そこに優劣や障害の有無は含まれない。いわゆる「天才」とされる人のなかにも非定型インテリジェンスの持ち主は多いし、発達障害の当事者たちも少数派の知性であると言える。インテリジェンスの多様性という視点から考えると、自閉症的な知性と天才の知性は「全球的なスペクトラム」のなかでオーバーラップしたり、地続きであったりすることが多いのだ。

スペクトラムという言葉は、イギリスの精神科医ローナ・ウィングらが、一九九〇年代に使い始めた。それまで自閉症と言えば、文字どおり、言葉の発達に問題があって、内にこもったように見える子どものことを指していた。だがウィングらは、知能や言葉の発達はより複雑で多様であるとの意味をこめて、スペクトラム（連続体）という言葉を使い始めた。私はさらに一歩進めて、神経回路の特性は「全球的」なスペクトラム、つまり全方向的に複雑系であるというイメージで考えている。

自閉症をスペクトラムとして語ることは、いまでは常識となっている。しかし、「これが自閉症的な知性だ」という定義はほとんど不可能だ。二〇一三年に発表されたアメリカ精神医学会の診断基準によれば、自閉症スペクトラム障害（自閉スペクトラム症）の主要な症状として社会的コミュニケーションの困難が挙げられているが、これは客観的に測ることが難しい。なにしろ血液検査などで特定できる病とは違う。そもそも臨床医学における自閉症の診断基準自体が、数十年のうちにどんどん広がり、変わってきている。その表れ方は、個人によって大きく異なるのだ。

いかにして当事者の世界観に迫るか

では、どのようにすれば非定型インテリジェンスの主観世界にアプローチできるのだろうか。結論を言えば、当事者の方たちに話を聞くしかない。それも、じっくりと時間をかけて。ところが、とくに自閉症スペクトラムの当事者に話を聞く場合、そこには難しい点が待っている。

先述した米国の診断基準は日本でも広く使われているが、そのなかで自閉症はコミュニケーションや社会的相互作用の障害と位置づけられている。つまり、人との交流が苦手な人が多い。したがって、社会学者が得意とするインタビューによる調査方法や、心理学者が行う環境をコントロールしたラボでの実験などは、当事者に余計な緊張を強いることになり、なかなか深い話をしてもらえない。なかには、こちらが一つ質問すると延々と話し続けるタイプの当事者もいるが、その場合も本当に聞きたいことが聞けない恐れがある。

そこで私は、当事者にとって自然で心地よい環境にこちらから出向くことにした。デジタルの仮想空間における調査もその一環だ。私自身も仮想空間でアバターとなり、そこで当事者たちと交流する、デジタル・エスノグラフィーという方法を編み出したのだ。

アバターとは、もともとインドの言葉で、聖なる者が仮の姿で地上に降り立った姿を指す。現代においては、コンピュータの利用者が仮想空間で操る、アニメのような分身を意味する。人は自分のなかにいくつもの分身を潜ませているものだが、それを示現化できるのが現代の仮想空間のすごいところだ。

私は一〇年以上前に、当時話題になっていた「セカンドライフ」という仮想空間で活動するようになった。そこには、障害者のアバターたちが集うコミュニティがいくつもあった。自閉症スペクトラムの当事者たちも自助グループを定期的に運営しており、彼らがよく集まるという仮想空間内のクラブやカフェもあった。コミュニティやアバターの数が多すぎて、一人ではとてもカバーできないような驚くべき世界だった。

幸いなことに、全米科学財団やジョンソン財団などが支えてくれたので、十人以上の院生や助手たちとともに、さまざまな障害当事者たちの集まりやイベントに参加させてもらうことができた。もちろん社会学の研究をしていることは伝えての参加だ。なかでも、チームのメンバーにとってもっとも学びの場となったのは、七年超にわたって一〇〇回以上参加した、毎週開催の自閉症当事者自助会である。

その成果をまとめたのが、『ハイパーワールド』（NTT出版）だ。この本では、当事者アバターたちの主観世界について、自閉症をとりまく社会の歴史と近年の脳科学研究の成果を踏まえて解釈した。その一方で、自閉症的な知性の生きた姿は、やはりその人生全体を捉えるなかで浮かびあがってくるような気がしていた。

「知性」としての自閉症をさぐる旅

「インテリジェンスの多様性」について深く考えるためには、自閉症スペクトラムの当事者たちの豊かな精神活動だけでなく、その現実生活におけるチャレンジもまるごと知る必要がある。

「診断」や「医療」という角度はもちろん大切だ。しかし、それでどれだけその「人」のことがわかるだろうか。当事者が見ている世界や経験には、美しい部分もあれば困難がつきまとう部分もある。その両方を知ってこそ、その人を知ることにつながるのではないか。私は、当事者の世界観をまるごと教えてもらいたいと思うようになった。

本書は、そんな私の願いに応じて、その主観的世界を惜しみなく開示してくださった自閉症スペクトラム当事者へのインタビューとエスノグラフィーに基づいて書かれた。これまでに交流を深めてきた数多くの当事者のなかから、本書では四人に焦点を当てることとした。読み進めていただければわかるように、国籍も認知特性のパターンも違う四人だ。

本書では、それぞれの人生というコンテキストのなかで、自閉症という知性を持つ人がどのような精神世界を営み、深めているかを追求している。そのために、仮想空間でのチャットのみならず、メールによる往復書簡、現実世界での長時間にわたる対面インタビューを行った。彼らの創造したデジタルアートやマンガをはさんで話し込むなど、さまざまな方法をとっている。

当事者へのインタビューやエスノグラフィーで、私が大事にしていることがある。それは、彼らが、なるべく(1)その認知特性に合った自然でいられる環境において、(2)自分らしい「言語」で、(3)自分が大事だと思っていることを、(4)自分のペースで時間をかけて語ってもらう、ということだ。

自分らしい「言語」というのは、必ずしも狭義の言葉に限らない。たとえば、「絵で考える」人にとっては、視覚言語こそが自然なコミュニケーション手段となる。その人がもっとも得意とする「言語」を仲立ちすると、語りにくいことも意外に話せたりするものだ。

脳のなかの多様性を体現している自閉症スペクトラムの知性は、それ自体が多様性に富んでいる。だから、「自閉症的な知性はこれだ」という平均値を紹介することが、本書の目的ではない。医療や福祉の観点で語るものでもない。脳の多様性や個性とは何か、私たちは世界をどう感じているのか、意識とは何か――。こうした普遍的な問題へとつながる話として、「知性」としての自閉症を探る私の旅にお付き合いいただきたい。

なお、本書には「アスペルガー」という言葉が登場する。この言葉は、アメリカ精神医学会の診断基準（ＤＳＭ－５）では、自閉症スペクトラム障害という大きなカテゴリーに含まれており、医学的には使われなくなっている。ただ、この本で登場する当事者の方は、診断基準の改訂以前に診断されており、自分でもアスペルガーだと考えている。したがって、インタビューの文脈ではそのまま使っていることをお断りしておく。

第1章　仮想世界で輝く才能

――ラレさんの場合①

今度は大きな花壇に出くわしましたが、デイジーがふちどる真ん中にはヤナギの木が一本植わっていました。

「あら、オニユリさん！」気持ちよさそうに風に揺れている相手にアリスは話しかけました。

「ほんと口をきいてくれるといいのに！」

「きけるよ」と、これはオニユリ。「口きくに値する相手にならね」

アリスはびっくり仰天、一分ほども口をきけません。言葉がすっかりどこかへいってしまったみたい。

——『鏡の国のアリス』より

寡黙で謎めいた人物

ラレと私が初めて会ったのは七年ほど前、自閉症スペクトラムの仮想世界上の自助グループの例会でのことだったと思う。ラレはそのころから、聞かれれば率直に子どものころにアスペルガーと診断されていると答え、いつも真摯でオープンな感じのアバターだった。だが、自閉症アイデンティティを言挙げするタイプでもなく、とても寡黙だった。

そのアバターは、スラッとしたデリケートな感じの少年の姿をしている。ときどき耳のあたりに指をおいて、丸メガネをかけた顔にかかる金髪を軽く後ろに掻《か》き上げたり、立っているときに身体を軽く左右に揺らしたりする動作は、一種の戸惑いのような感じを湛《たた》えている。ラレのアバターと対面したとき、そこに「彼」がいるというたしかな気配を感じてしまうのは、こうしたシャイな感じを伝える身体動作のせいだったのかもしれない。

かすかな戸惑いをまとったアバターの彼こそが、その後、非定型インテリジェンスの世界の豊饒《ほうじょう》さを見せつけ、私の目をひらかせてくれた「人」だった。

しかし知り合って初めの何年かは、彼がどんな人なのか、靄《もや》の中に包まれていた。はじめ私は、仮想空間の自助グループの人々はどう会話を積み重ねていくのか、なるべくそのまま自然に知りたかった。すでに存在するグループに参加させてもらっていたので、グループのダイナミクスを尊重し、ラレだけに焦点をあててインタビューすることは控えていた。それでも何年も付き合ううちに、ラレの世界がほのかに見えてきた。

セカンドライフ上の自助グループの例会では、ラレは、音楽イベントのレイブスタイルに身をつつんでいる。だいたい黒っぽいカジュアルな衣装と、レイブ・ファッションの象徴である七色に光る虹色のネオン・チューブを飾ったものだ。ラレは、その格好でいつも同じ位置の席にゆったりと座っていた。

毎回早めにやってきて、同じ席を確保するのが彼のこだわりらしい。決まったことをきちんと同じようにやると落ち着くらしかった。決まった同一の行動を好むようだ。

　ラレは、メンバーの中でもどちらかといえば言葉の少ないアバターだった。彼のチャットは断片的で短いことが多い。ラレの言葉は、海底に潜水している人の微かな息遣いを知らせる泡のように、とつとつぷつぷつと海面に浮かんでくる。たとえば、ラレがチャットで繰り返すフレーズに「うん、そうだね」(Yap, indeed.) というものがある。そのあとには絵文字や簡単な言葉がつくことが多かった。

　ラレは、SF系のテレビ番組のことや興味のある分野のことが話題になったときには、誰かの質問に丁寧に答えているので、実は決してしゃべれないわけでもないし、不親切なわけでもない。なにか深いものを心の奥に畳み込んでいるような印象があった。寡黙で、どういう人なのかとてもわかりにくい。

　噂ではラレは、セカンドライフのなかでも音楽やダンスを愛する仲間うちではカリスマ的なディスクジョッキーとして知られているという。しかし、そういう話を聞いても、私

レイブ・ファッションに身を包んだラレ

には、普段この自助グループでは寡黙な彼が、なぜ仲間たちから一目も二目もおかれているのか、どうしてもピンとこなかった。

豊かなメンタルライフを持っている人が、必ずしも社会の多数派が使う公共的コミュニケーション手段（つまり言葉を発すること）を使って、その世界を他者のために表出するとは限らない。

しかしラレは、仮想世界という鏡の国のヒーローであるらしい。つまり私は、その鏡の世界に思いがけず入り込んだ鈍臭い「アリス」だった。

自閉症当事者たちの会合

私が参加するようになった自助グループは、自閉症当事者のアバターたち自身の手で組織化され、長年継続している。毎週一回、約二時間、円を描いて床に置かれたクッションにアバターが着座して、延々とチャットが続いていく。

私は許可を得て、研究チームのロバートやエリザと手分けして、この会合に参加させてもらうようになった。話題はそのときによって違うけれど、自閉圏のインテリジェンスを抱える人々が、現実生活で経験した困りごとや、それぞれの生活で起きたイベントや興味を持った話題を自由に語る人が多い。

メンバーには、診断を受けて自閉圏の住人であると自認する人もいれば、何らかの形で自分の認知構造がどうも人とはかなり違っていると感じ始めたばかりの人もいる。ラレも随分昔にアスペルガーと診断されていて、そのことは自分の認知特性を知る上で良かったと思っているようだった。グループの参加者は基本的に当事者で、よくある自閉症児の親の団体ではない。また、セカンドライフを利用する条件として、一八歳以上の成人と定められているので、参加者はみな大人だ。

ここで私は「自閉圏の住人」と言ったが、彼らのなかにも、さまざまなタイプの非定型インテリジェンスの形がある。つまり認知構造の特性は、「発達障害」と一括りにされる人々のなかでも、ものすごく違いがあるのだ。ここで「特性」というのは、とりあえず「生まれつき得意なことと苦手なこと」くらいの意味に考えてもらえばいい。

私が参加した自助グループでも、明らかに言葉がとても発達していて、自説を論理的に滔々《とうとう》と語るアバターがいた。周りの反応を見ずに、独善的にしゃべりすぎるという傾向を示す場合もあった。かと思えば、インターネットで話題の科学知識に興味がある人もいて、とてもわかりやすく他の参加者に教えてくれる。もちろん言葉がとても少なく、ほとんど無言で佇《たたず》んでいるメンバーもいた。

また、実に雄弁なチャットを展開するけれど、発話による会話は苦手と語るメンバーも多かった。だから、このグループのディスカッションでは、いつもチャットでディスカッションを行っていた。チャットならば、読み返して意味を確実にとることもできる。

ちなみに、アバターは表情があまりないし、笑うといっても大笑いするジェスチャーくらいしかできない。しかしそれは、会話のニュアンスを表情やジェスチャーから拾い上げることが苦手な人が多い自閉圏の人々にとっては好都合だ。音声のニュアンスや表情といった余計な情報を処理する必要がないので、言葉の内容に集中できる。

よくよく考えてみれば、人の話を聞きながら（聴覚を使い、会話の内容を認知把握しながら）、適時に発話していく（声帯や口腔の筋肉という運動系の神経を使いながら、さまざまな会話のニュアンスや表情などにも対応する）という作業は、ものすごいマルチタスクである。私も自閉圏の人々と交流を深めるまでは、発話と会話の構造をあまり分析的に考えてこなかった。

チャットならば聴覚を使う必要もない。口腔の筋肉をコーディネートする必要もない。アバターの表情を観察する必要もない。こうした、自閉圏の人の言葉に対する関係性の多様性には驚かされた。言い換えれば、私たちの日常を左右するコミュニケーションが、いかに多数派に合わせられているかを思い知った。Mサイズの洋服しか置いていない店のようなものかもしれない。

仮想空間でオープン・ダイアローグ

グループの司会者は、アスペルガーのアリエールだ。アリエールは、どのようなタイプの人の発言にもピッタリの共感を示し、どのような発言の形であろうと的確で肯定的な言葉を返していく。見事な触媒の役目を果たしている。

アリエールのアバターは実際にいそうなファッションで、しっかりとして仕事ができそうだがちょっとカジュアルなアメリカ人女子、という感じだ。でも実生活では、音声による会話、とくに目的のはっきりしない社交パーティーのような場は、ハードルが高いそうだ。臨機応変の対応が難しく、いろいろな情報が錯綜して処理できなくなってしまう。

だが、このグループでの司会は本当に上手だ。長年の経験で、こういうときはこう対応するという自分なりのマニュアルを磨いてきたらしい。たとえば、グループで話しているときに、唐突に新しい話題を出す人がいる。司会のアリエールは慌《あわ》てずに、自分を抑えながらも絶妙のタイミングで軽く言う。

「へえ〜、それでどうしたの？　もっと話して」

二つのトピックが同時進行することもあるが、誰も気にしていない。アリエールは二つのトピックそれぞれにうまく相槌《あいづち》を打っていく。どんな話題を持ち込んでも、何を話しても構わない、オープンな会話が続く。

そもそも、仮想空間におけるこの会合は、何かを決めたり、正しい解決法を探したりすることを目的としていない。誰が会話の主導権を握るかどうかで気を揉むこともない。全人格的な没入を求める共同体的つながりは、それがメンタルに負担になる場合があるものだ。ところがこのグループのメンバーは入れ替わることもあるし、なんといっても仮想空間だから軽いノリでつながっている。

それでも、メンバーの間でなんとなくシェアしている感覚はある。お互いが「自閉圏の住人だ」という感覚、「仮想空間が好きだ」という気持ちだ。見事な話題回しを行うアリエールの司会ぶりとともに、こうしたしがらみのない共通感覚こそが、このグループを長期間継続させている秘密かもしれない。

動物や昆虫、巨大な白い竜、グラマラスな美女、ドラキュラから仕事ができそうなキャリアウーマン風の女性――。思い思いの格好のアバターが、円座になってチャットを交わしていく。

自閉症スペクトラムの人々は、その中心的症状に「コミュニケーションの障害」があるといわれる。だからこのグループでも、学校や職場、親戚との交流などにおけるコミュニケーションの難しさが話題になる。たとえば、NT（ニューロ・ティピカル。「定型神経者」、健常者のこと。このグループでは、ちょっと侮蔑のニュアンスを込めて使われることもある）の言うことは裏がありすぎるとか、パーティーで困ったとかいった話題だ。

ところが、仮想世界のアバターとチャットというフィルターを通すと、自閉症スペクトラムの中心症状と見なされている社会的コミュニケーション障害というのが、嘘のような気がしてくる。なにしろ、チャットではいつも議論が噛み合っており、困っている人やストレスがある人には、適切な共感の言葉も投げかけられているからだ。コミュニケーション能力に問題があるとは到底思えない。

つまり、仮想世界という条件が、自閉圏の人々にとっては現実世界よりも話しやすく、他者とコミュニケーションを取りやすい空間のようなのだ。

あえて気にかかることを言えば、気軽なチャットにしては言葉遣いがきちんとしすぎていることくらいだ。NTであるはずの私は、早いスピードで繰り広げられる英語のチャットに四苦八苦している。私は二時間のチャットに集中して、たまに邪魔にならない程度に会話に参加するくらいだが、会話についていくのは大変で、終了後はたしかな疲労感がある。

他者と共感する自閉症アバターたち

ラレの話に戻ろう。

い。

「うん、そうだね」

これがラレの口癖だった。ラレは大体の会話でこの口癖をこだまさせ、少しの言葉を足して会話の波を乗り切っていく。前述したように、自分から話題を出したり、自分の生活上で困ったことを話したりする機会がほとんどないので、どういう人なのかがわかりにくい。

けれども、私はだんだんとラレのことが好きになってきた。アバターを通してでも、なにか平穏であたたかい雰囲気が伝わってくるのだ。

自閉症スペクトラムの人々の傾向として、専門家が「人への思いやりや共感力が足りない」などと言うことがある。「心の理論がない」（人には自分とは違う見方があることがわからない）という言い方をする専門家もいる。

この点については、さまざまな観察や理論、そして心理学的実験がある。しかし、私が仮想空間上で出会った自閉症スペクトラムの人々は、チャット上では十分で適切な共感を示していて、他人に無関心だったり思いやりに欠けたりする感じの人は少なかった。

チャットのほうが楽だということもある。表情を読んだり、相手の目を見て会話したりという、苦手なことをしなくていい。しかし単にそれだけではなく、自宅の慣れ親しんだ環境にいるのに、それぞれの分身であるアバターが、同時にデジタルの円座「空間」に座り、今という「時間」を共有している——ということも大きいだろう。ちなみにセカンドライフは、同時にログインした人たち同士（つまりライブで）だけが交流できるようになっている。

ある日、ペットロスの話題が出た。ラレは口癖の「うん、そうだね」でスラッと自然に会話にすべりこんで、次のように言葉を継いだ。

「そういう経験って、人にはわからないけど本当につらいよね。どんな病気だったの？」

つらさや悲しみの経験を静かに飲み込んでいるらしく、ラレの優しさが伝わってくる。

また、あるアバターが社会のなかで生きて行く不安を訴えたときのことだ。ラレは円座のなかで「そうだね。難しいね」と言いながら、彼にしては珍しく自分の悲しみを語り出した。

「僕はいい友達を亡くしたことが何回もあるんだ。彼らにこの世界に戻ってきてもらいたいけど、それは無理だよね」

今度はアリエールが「うん、そうだよね」と静かに返すと、ラレが続ける。

「僕の友達のなかに、いろんな原因で死んでしまったやつらがいる。何人か自殺したのもいるし、ドラッグを飲みすぎたのも何人かいる。ちょっと冒険しすぎて死んじゃったのとか、その他病気とか」

ラレは悲しい記憶を噛みしめている。

ラレはいったい何者なのか？

しかし私は、不謹慎にも別のことを考えていた。

3Dデジタルの世界でアバターを使いこなし、アートのセンスがあり、ディスクジョッキーとして人気——。そのように聞くと、ラレは大学でコンピュータの勉強をした都市部のエリートとか、デジタルアーティストではないかと思っていた。実際、アスペルガーの人々がシリコンバレーで成功した例は多い、と言われている。

だが、若くして友人を自殺やドラッグ、おそらく暴力などで亡くしてしまったというラレの話は、それほど裕福でない地域の公立高校出身の若者にこそよくあることだ。

米国の若者の死亡率は、OECD諸国のなかで六番目に高い。どこの先進国でも若く元気な青年の一番の死因は交通事故だが、米国の一五歳から二四歳の若者の死因を調べると殺人と自殺の割合が高い。とくに殺人による死亡率は、全先進国で第一位の率だ（ただし自殺率はロシアやフィンランド、それに日本のほうが高い）。ドラッグの過剰摂取が原因の死もとても多い。

米国にとってもっとも深刻な問題は、経済的な格差が若者の死亡率に大きな影響を与えていることだ。統計によれば、若者の早すぎる死は、その亡くなった若者が置かれていた社会経済的地位との関連が否定できない。失業率、収入、教育程度、人種などの要因が、死亡率に深く結びついている。

それに加え、「貧しい地方」対「豊かな都市部」という地域格差もある。貧困率が高い地域でごく普通の公立高校に行けば、同世代の友人が死亡したという経験をもつ可能性も大きいが、余裕のある家庭の子どもが良い地域の高校に行けば、本人やその友人たちが死神にさらわれる確率は少ない。

こんなことを考えていると、むくむくと疑問が湧いてきた。いったい、ラレはどこのどういう人なんだろう?

アリスの世界をのぞき込む

私がラレと知り合ってから、すでに四年以上が経過していた。私はなにか知りたくなると、まず徹底的に資料を集めたくなるタイプなので、私の研究チームで集めた自閉症アバターたちの観察ノートは数千ページにのぼっていた。

そこには、言葉数が少ないラレの短くも深い言葉の数々が、小さな宝石のように集まってきた。私はそのばらばらの宝石が詰まった分厚いファイルを見ながら、宝石のあいだになんとかつながりを見つけようと苦闘していた。ラレという存在は、深い霧に包まれてネオン色の飾りを光らせ、なにか大事なものを黙示しているように思えた。

ところで、『不思議の国のアリス』などで知られるルイス・キャロルは、歴史的偉人のなかのアスペルガーの事例として真っ先に名前が挙がる人物だ。少女アリスの経験した不思議な世界は、キャロルの非定型の認知世界から見た心象体験を、童話として昇華させ描き出したと言われる。

キャロルの伝記を読むと、実際の彼がアスペルガーに典型的な行動様式をもっていたらしいことがわかる。たとえば、彼は規則を守ることが無条件に大好きで規則正しい生活を好んだとか、お茶を飲むときは必ず一〇分間ティーポットをもって部屋を歩きまわったとか、大学では毎日数学と神学を数時間ずつ交互に勉強することを日課としていた、という逸話が残っている。並外れた記憶力をもっていたのに、人の顔が認識できない相貌失認の症状もあったとされる。非定型インテリジェンスの持ち主であったことはほぼ間違いないだろう。

私が『不思議の国のアリス』を読んだのは、子どものころであることはたしかだが、記憶は曖昧模糊《あいまいもこ》の海に沈んでいる。でも、ごく普通の小学生だった私には、アリスはお手上げだった記憶がある。そこにわかりやすい筋書きがない。どちらかといえば、定型発達的だったらしい私には居心地が悪かった。

ところが、仮想世界で自閉症スペクトラムの人々と交流するようになってから、私はアリスの世界に魅《ひ》かれるようになっていた。とくに、ものの見方や認知の仕方が違い、私が見えないものを見ているラレのような人に会うと、『不思議の国のアリス』の続編にあたる『鏡の国のアリス』の一節をよく思い出す。

アリスは、鏡の国に入りこんで道に迷ってしまう。向こうに見える丘に登って、この世界がどんなところかを知りたいのだが、何度も同じところに戻ってきて途方に暮れる。困ったアリスは、綺麗な花が咲く庭で思わずこうつぶやくのだった。


「あら、オニユリさん！」気持ちよさそうに風に揺れている相手にアリスは話しかけました。「ほんと口をきいてくれるといいのに！」

「きけるよ」と、これはオニユリ。「口きくに値する相手にならね」

（ルイス・キャロル『鏡の国のアリス』高山宏訳、亜紀書房）


私がラレに話しかけたら、彼はどう言うだろうか。

「私はしゃべれるよ、私の国の言葉でなら」と言うかもしれない。米国に留学した当初の私が「日本語でならしゃべれるのに」と思っていたように。でも、ラレの得意な「言葉」とはなんだろう。

あるいは、オニユリのようにこう言うかもしれない。

「話せるわよ、まわりに話す値打ちのある人がいればね」

私は、ラレに話す価値があると思ってもらえるだろうか。

ラレが使い分ける複数の分身

ラレの姿を捉えにくかったのは、彼の静けさのせいだけでもない。実は彼は複数のアバターを使いこなしており、それが私を混乱させたのだった。

若い女性アバターのアニー、成熟して自信に溢れた女性という感じのケリー、そして寡黙なラレは、同じ人間が使っているアバターだと聞いた。しかし確証はない。だいたい、セカンドライフという仮想世界では、ファンタジーの世界という前提を壊さないことがエチケットのようになっている。アニー、ケリー、ラレに対して「あなたたちはリアルで同じ人なの？」とは聞きにくい。

しかし自助グループの例会で、ラレがいつも座る席にアニーが座っていることが多くなっていた。活発で若々しいアニーは、おとなしくデリケートなラレの妹のように見え

ラレの席に座るアニー

た。また、ケリーがその席を占めていることも何回か続いた。ケリーはアニーより年上で、レイブスタイルのファッションをゆったりと着込み、どことなく威厳がある。

私は、グループ内で会うだけでは埒《らち》があかないような気がして、セカンドライフ内の音楽クラブに行ってみることにした。会場には七色の光が交差し、トランスといわれる音楽が響いている。ところが、だ。ＤＪを務める予定のラレが会場にいない。そのかわりにアニーがＤＪブースにいて、自身がかける音楽に合わせて軽く体をくねらせている。

私は会場にいた知り合いのアバターに尋ねた。

「ラレは今日ＤＪのはずだけど?」

すると、そこに大きな歩幅でケリーが堂々と近づいてきた。このイベントのマネージャーらしい。そこに、ふっという感じでラレが現れた。ダンスフロアでラレとケリーのアバターに挟まれ、私は軽く興奮していた。

ところで、仮想世界の分身主義――分身（アバター）と、分身を使うリアルの本人の関係――にはいくつもの形がある。セカンドライフでは、普通、アカウント一つにつき一つのアバターを使う。ただし、アカウントを作るたびに課金されるわけではないので、複数のアカウントを作って、いくつものアバターを使うことは珍しくない。

なかには、自分のなかにあるいくつかの側面を、分身によって表現する人もいる。複数のアバターを使ってそれぞれ付き合いの輪をひろげ、そのなかで別の性格をだんだん育てていくこともある。仮想空間でそんな「人」に出くわすと、人間のアイデンティティとはいかに複雑であるか思い知らされる。

ラレの場合はどうだろう。私は思い切って「あなたたちって同じ人なの？」と尋ねてみた。

「そうだよ」

ラレとケリーの二人ともすましている。別に隠す気はないようだ。

「ＤＪをしているアニーも同じ人？」

「うん、そうだよ」とお得意のフレーズ。

コンピュータ三台それぞれで同時にログインし、三人のアバターを動かしているようだった。だから、三人の「彼」の分身が同時に私の目の前に「いる」。

仮想世界こそがリアル？

セカンドライフ内ではとても行動的なラレは、いくつものプロジェクトを抱えているらしい。そして、そのためには複数のコンピュータとアバターで手分けしたほうが、都合がいいことがあるとのことだった。

彼は仮想空間に大きなサイトをもっていて、そこに夢の構築物を制作している。たまにイタズラをしにくる悪ガキのアバターもいるので、そのメンテナンスも大変だ。なかでも彼が「ファンハウス」（遊園地にあるビックリハウスのこと）と呼ぶ建物は、空中にそびえ立っており、彼のヴィジョンを３Ｄで表現したものらしい。私のような受け身のユーザーではなく、ラレは「ビルダー」と言われ、建物からアバターまでどんな存在でも一から自分で作れる存在なのだった。

「セカンドライフのいいところは、プライバシーがあって、周りにたくさんの人がいるなんてことがないことかな。とくに空中で自分の建物を建てていると、そこに他のアバターは来ないし集中できるよ」

ファンハウスの制作には、〝すごい時間と労力が必要だったという。それに、彼はあちこちのクラブから呼ばれるDJでもあるし、セカンドライフ上のキリスト教会にも参加し、スピーチしたりすることもある。もちろん、自閉症アバターの自助グループにもできるだけ参加したいし、友人とともに遊びにいくサイトもある。

ある日、ラレが彼の世界観を少しだけ語り始めた。

「僕にとって、現実の世界は何かとごちゃごちゃした面倒な世界だ。仮想世界のセカンドライフはきちんと整理され、組織化された世界だ。僕が思うに、NTたちは反対のことを思っているんだろうね」

仮想世界のほうが、ラレは効率的に何かを達成できるらしい。しかし、一つのアバターは一つの場所（仮想空間ではあるが）にしかいられないようにできているので、マルチタスクの行動にはなにかと不都合だ。そういうわけで、アニーやケリーなどのアバターも使うようになったのだった。

自閉症スペクトラムの人々は、いくつかのことを同時にやるというマルチタスクが苦手だと言われる。その逆に、興味のある一つのことには極端に集中して疲れを知らない、粘着的集中力を持つイメージもある。しかし、複数アバターを使ってマルチタスクをこなすラレの手際は、従来のイメージを裏切るくらい見事なので、私は大いに興味をそそられた。さまざまな局面で、視覚的に違うアバターを使うことが、ラレのマルチタスクを助けているのかもしれない。

ラレが自助グループの会合で言葉が少ないのは、彼が視覚優位で大事なことしか喋らない傾向があるからだろう。しかしそれに加えて、いろんなアバターを同時に使っていて、別のタスクをやっているときもあるのだと思われる。

ラレにとっては、仮想世界こそ何かを達成できる世界である。そこは自分の認知特性に合致した世界で、魚にとっての水中のようなもの、いやそれ以上の場所だ。

何かを達成するためには、行為をすることが必要だ。行為は人の生きる証であり、その積み重ねが達成に通ずる場合もある。たとえ何か達成することができなくても、行為を起こすことによって自分の生を確かめられる。

だが、自閉圏の人にとっては、現実の世界で行為を起こすことが楽ではない。達成する以前の問題なのだ。

たとえば、感覚過敏があって人混みに出かけることができない人がいる。蛍光灯のチラチラした光が苦手で、学校の教室に座っていられない人もいる。いろんな人からあらゆる要求があるような職場が苦手という人もいれば、大きな声で話しかけられると固まってしまう人もいる。こうしたケースの場合、多数派の目からは単にやる気がないように見えてしまうこともあるだろう。

しかし、環境やタスクが彼らの認知特性に合致していれば、まさに水を得た魚のように動ける人もいるのだ。仮想世界のラレは自由で滑らかに泳げるし、マルチタスクもできる。他者と何かを成し遂げることもできる。自分が自分でいられるのだ。そればかりか、仮想世界ではラレが自分の世界を描き出し、多くの人とそれをシェアできる。だからこそ、ラレにとっては仮想世界こそが現実よりリアルなのだ。

「映像」という言語

ラレ、アニー、ケリーの言葉の断面をつなぐと、「彼」のさまざまな行動、ものの見方、そして人生観のようなものが、少しずつ霧が晴れるようにつながってきた。私のなかで、ラレというアバターの後ろにいる「その人」の影が次第に濃くなっていった。

ある日、ラレは珍しくはっきりと言い始めた。

「私にはリアルなヴィジョンがあり、それを表現する能力もあると思うんだ。でも、NTたちはそんな私の世界を「単に虚構にすぎない」と見下している」

ここでいう「ヴィジョン」というのは、たんに網膜に映る映像という意味ではなく、心の目に映るヴィジョンという意味だ。

アスペルガーといわれる人たちのなかには、言葉で考える以前に、深く視覚で考えることができる認知特性をもっている人が多くいる。

博士号をもつ動物行動学の専門家で、大学教員のテンプル・グランディンという人がいる。米国でも自閉症といえば知的障害と同じと思う人がまだ多かった一九八〇年代、彼女は大学教員でありながら自閉症当事者であることを公開した。グランディンは「自分は絵で考える」という表現で、自身の認知特性を表現している。

ちなみにグランディンは、自閉症当事者が自叙伝を書く例のパイオニアだ。しかし、当時は専門家からマスコミまで、自閉症当事者が自己省察に満ちた文章を発表できるとは考えておらず、高名な脳神経医のオリバー・サックスもグランディンの文章をやや疑いの目で見ていた。わざわざ本人に会いに行って信憑性を確かめたという。

グランディンはビデオのように動く映像を記憶し、それに基づいて考えることが得意なのだという。つまり、頭のなかに無数のビデオテープが格納されているようなものらしい。やがて彼女は、自分の認知特性を利用して動物施設の設計にかかわるようになる。動物の目線や動線で考え、映像を巻き戻すように点検しながら、家畜施設の美しい設計図を引いたという。それも彼女の視覚優位の認知特性が可能にしたものだった。

グランディンと同じように、ラレも「映像で考える」人だった。だから、３Ｄ表現で世界を表す仮想空間は、彼にとってぴったりの世界だった。映像こそがラレの「言葉」なのだ。ラレに見えている世界は、私のようなNTとは質的に違う。

ある日、ラレは珍しくやや興奮した調子で、彼の世界がいかに自由でリアルに感じられるか、チャットに言葉をつらねていた。やがて、自分で自分の言葉を肯定するかのように「うん、そういうこと」とつぶやくと、またシンと黙ってしまった。

私はこのタイミングで頼むことにした。

「それでは、その世界を見せてくれる？」

するとラレは、しばらく考えたのちにこう言った。

「僕が作ったビックリハウスは誰でも見られるよ。ただ言っておくけど、一三〇も部屋があるから見るだけでも大変だよ。作った僕が迷ってしまうこともあるくらいなんだ。僕は、子どものときから『不思議の国のアリス』みたいなのが好きでさ、そういうのに情熱があったんだ」

仮想世界と自閉症という二つの未知の世界の狭間ではじめた研究だったが、この狭間こそが自分とは違うインテリジェンスの主観的世界、その豊かなメンタルライフを知るための「鏡の国」への入り口なのだと思うようになった。もし仮想空間でなかったら、私とラレがここまで話し込むことはなかったかもしれない。いや、それ以前に私が彼と出会うこともなかっただろう。さらに言えば、自分とは異質な感受性を持つつらしい彼らと話し込む勇気を持つこともできなかっただろう。

こうして私は、やっとラレのメンタル世界の内部への入り口にやってきた。ラレは、その異質な認知特性だからこそ見える美しい鏡の国の世界を、私に直接経験させようとしている。

ラレが作った王国へ

ラレのガイドにしたがって、私は彼の仮想世界の王国に「テレポート」した。そこは海辺の敷地で、ラレが作ったジェットコースター、電車などさまざまなテーマパーク風の構築物があり、瞑想の場所まである。「ニューワールドの覚醒」という旗が誇らしげにあちこちに立っている。

なかでも一番目立つのは、空中に向かって濃い緑の力強い葉が螺旋《らせん》状に伸びる「巨大な豆の木」だ。彼のヴィジョンをもっともよく表したというビックリハウスだった。「ジャックと豆の木」のファンタジーをイメージしたのだろう。空中に向かって鬱蒼《うっそう》と君臨している。

遠くから見ると、バルセロナにあるサグラダファミリアの尖塔《せんとう》が、一つだけニョキニョキと生えてきたようだ。思えば、サグラダファミリアを建築したアントニ・ガウディも難

天空に向かって伸びるラレのビックリハウス

ビックリハウスの入り口

読症（ディスレクシア）の傾向にある一方で、視覚には強みを持つ非定型インテリジェンスの持ち主だったと言われる。

その日、私はニューヨークの自宅からログインしていた。窓の向こうのマンハッタンの街は、すでにうっすらと夜の暗さをまとっている。私はセカンドライフの設定ボタンを調整して、夕日が沈むころの光に私のアバターが佇むようにした。

「この世界を僕は本当にリアルに感じる。それなのに、ＮＴの連中の一部は「仮想世界に金と時間を使って馬鹿げている」とか言うんだから」

天を突く豆の木の上に乗っている青く光るピラミッドが、ラレのお城の入り口だ。仮想空間も夕暮れ、上空の空気は次第にうす紅から灰青色に移り、そこは宇宙空間にぽっと浮かんだ宇宙船の甲板のようだった。

「僕の後をついてきて」

慌ててラレの後を追うと、彼のアバターが急に見えなくなった。そこに空いていた三角形の穴に落ちたのだ。私のアバターもその後を追って「ウサギ穴」に落ちる。『不思議の国のアリス』の始まりと同じだった。

「もちろんそれが、僕が目指したゴールなんだ。現実ではできないことを実現するのがこさ」

危険と遊び心に満ちたビックリハウス

不思議な無数の部屋と迷路が私の前に広がっていた。ラレは一三〇の部屋があるというけれど、それらの部屋はそれぞれとても不思議な方法でつながっていて、次の部屋に進む方法は簡単には見つからない。だからそれを一望することもできない。私には、いったいこの迷宮がどのように構成されているか知る方法もない。

まず私がウサギ穴を落ちた先にあったのは、緑色のヘビのような豆の木のつるが這いまわる土色のトンネルだった。豆の木の地下に落ちたのだ。そう思いながらトンネルを抜けると、大きなトランプカードが何枚も敷き詰められた迷路があった。トランプカードの道は上へ上へと坂道のように続いていく。そのトランプの上を恐る恐る歩くと、カードの道はどんどん崩れていって落ちそうになる。残ったカードの上になんとかよじのぼって、私は先に進む。

ビックリハウスは危険と遊び心に満ちていた。アリが掘ったような迷路のトンネルでは巨大アリに咥《くわ》えられて吊り下げられ、巨大な消しゴムやホッチキスに囲まれた部屋では出口が見つからない。ありのままの見え方、既成概念をただ一つの真実と思うと、出口が見つからなくて次の部屋に動けないのだ。

「動物の繰り返し」と「階段」という、エッシャーの二大テーマを組み合わせたラレの部屋

多くの部屋では、自分の知覚から来る予想を裏切られるようなしかけがあり、一回入り込むと容易に前に進めなかった。面白いのだが、こちらを不安にさせるような感覚が湧いてくる。

迷路を歩いて危ない目に遭うこと自体は、コンピュータ・ゲームによくあることだ。しかしラレからすれば、ただコンピュータ・ゲームを作っているつもりはないようだった。ラレの部屋にはそれぞれテーマがあって、こちらに考えさせるアートのような感覚があった。

いくつかの部屋は、ラレの主観的な感覚世界から共感を覚えるアーティストへのオマージュとしてデザインされていた。

たとえば、オランダの版画家マウリッツ・コルネリス・エッシャーの作品をモチーフにした部屋がある。ラレは子どものころからエッシャーに深く惹《ひ》きつけられていたという。エッシャーは、幾何学的な繰り返しを多用した作品や錯視を利用した作品など、ユニークな世界観の作品で知られる。

エッシャーの代表作《相対性》©2019 The M.C. Escher Company-The Netherlands. All rights reserved. www.mcescher.com

　エッシャーは自分の作品に満足できず、周囲に過去の作品を飾ることを嫌った。彼の感じる驚きを版画に昇華させようと、執念をもって次から次へと作品を制作した。エッシャーもラレと同じく、その心象に映った驚きの世界は、三次元またはそれ以上であったと思われる。そのことは、有名な《相対性》など一連の作品を見れば明らかだ。

　小学校三年生のラレは、エッシャーの作品に出会った。そこで

「激しく際限ないくらい惹きつけられた」という。その作品には、自閉症的反復、永遠の繰り返し、整った規則性があった。たとえば、動物を繰り返し規則正しく並べるのも、エッシャーの有名なテーマだ。

繰り返すこと、揃えること、そして細密さ——これらは、自閉圏に住む多くの人の目を、どうしようもなく惹きつけるものであるらしい。自閉症スペクトラムの子どもが、模型の自動車や電車を際限もなく並べて遊ぶことも多いし、地図を偏愛する自閉圏の人々も少なくない。私が「どうして好きなのか」と聞くと、「そうあるべきものだから」とか「揃っているのは美しいから」と答えが返ってくることが多かった。衝動的な感覚で、本人もよく説明できないのだ。

「無自覚に見る」ことの限界

ポップアートの巨人アンディ・ウォーホルも、揃えることが大好きだったようだ。非定型インテリジェンスの持ち主だったとされる彼は、白一色の背景に、トマト味からビーフ味まで三二種類のキャンベルスープ缶を並べ揃えた作品を発表した（一九六二年）。時代はまだ、大量生産のスープ缶などに芸術的美があるとは誰も思っていなかったころだ。この作品で彼は、アメリカ資本主義とその時代を描く作家として世界で認められた。

それは、美術界が自閉症的な眼の持つ力を再認識した出来事だった。しかし彼は「自分が美しいと思うものを描いているだけだ」と言っていたという。ウォーホルは他者の意見を気にしたりせず、心の底から感じる真実に忠実なので、簡単に既成の美的基準に惑わされなかった。これは、非定型インテリジェンスの強みになる場合があるだろう。

エッシャーの驚くべき細密版画には、まるで「そうせざるをえない」かのような無限の繰り返しへの衝動がある。これほど数学的な版画を、コンピュータもない時代に大量に作り出した集中力も、非定型インテリジェンスの力の典型の一つと言えるだろう。「障害」という医学的診断基準から見ると、その集中力は「拘《こだわ》り」とか「狭い興味」というネガティブな視点になるだろうが、それだけでは捉えきれないことがわかるだろう。

われわれはよく「子どもには無限の想像力がある」と考える。だが、小学生の低学年でも、魚は鳥に変身しないこと、紙の上に描かれた爬虫類《はちゅうるい》は紙のなかから登ってこないこと、川下から川上には水が流れないことを知っている。ところがエッシャーの絵のなかでは、それらすべてが起きる。空間は曲がり、動物は際限なく変身し、それが無限に繰り返される。

ラレのビックリハウスも、その全体で繰り返しや錯覚が多用され、有限のなかに無限を閉じ込めようとする。その意味で、かなりエッシャー的な感覚なのだ。そしてラレは、そのことを自覚していた。

エッシャーの作品が示しているのは、常識だけに基づいてものを見ることの危うさではないだろうか。「無自覚に見る」ということは、結局なにも見ていないのと同じかもしれない。

そして「無自覚に見る」ことの限界は、ラレの迷宮を歩くとすぐに思い知らされることだった。たとえば「見えない壁」のある部屋がある。一〇本ほどの柱があるだけで、ほかに何もない空っぽの部屋だ。反対側に出口が見えるので、私は「これは簡単」と出口を目指すが、柱と柱の間に見えない壁があるようで進むことができない。何度も行ったり来たりしているうちに、見えない壁のないところが見つかり、やっと出口にたどりついた。

定型的な人の眼は「無自覚に見る」ことによって、脳が情報の過剰負荷になることを避けているのだろう。これは、臨機応変にアバウトに行動する能力にもつながっている。したがって、定型と非定型の見え方は決してどちらが正しいというものではない。「違う見え方がある」という自覚が問題なのだ。

時間や空間は一つしかないのか？

アートにモチーフを得た部屋でいえば、サルバドール・ダリの《記憶の固執》（一九三

溶けた時計の部屋で記念撮影

一年）をテーマにした部屋も興味深い。

ぐにゃりと溶けたような時計は、ゆっくりと溶けていくカマンベールチーズを見たダリが、その記憶を反芻《はんすう》しているうちに時計の映像が重なって生まれたといわれる。この作品は、発表当時あまり衝撃的だったので、ダリとシュールレアリスムを象徴する作品となった。

ラレは、その作品を3Dの仮想空間の部屋として再構成したのだった。その部屋には、原画にも似た荒野に一本の枯れ木が毅然と立っていて、そこに溶けかかった時計がだらりっとぶら下がっている。もう一つの時計は、箱状の物体の上に九〇度に曲がって垂れ下がっている。全体が砂漠のような風景だが、アバターが歩くと足元の水がザブンザブンと音をたて、不釣り合いなシュールさがある。

私のアバターは、九〇度に曲がった時計の隣に腰掛けて、まるで観光客のようにポーズをとって記念写真を撮影した。面白いじゃない、ここを「虚構の世界」と人は呼ぶけれど、私が感じている楽しさはリアルだ。有名観光地で自撮りするときと同じように、私は気恥ずかしさすら感じていた。

そもそも、時間や空間をどのように感じ、認知するかという問題は、主体ごとの認知特性によって異なる。人間のみならず、鳥の時空、犬の時空、タコの時空はそれぞれに異なっているだろう。「絶対的な時間」はありえないし、「絶対的な空間」もありえない。人間の心というものは、もともと相対の世界から離れることは原理的に難しいのだ。しかし人間は、同じ環境と時空感覚を共にするかどうかわからないもの同士以外——よく知らない人間同士でも協働する動物だ。

規則正しく等間隔で二四時間を刻む時計を家に備えることは、近代の象徴でもある。多くの人々が、時計の刻む規則正しい時を唯一の正しい時と認識するようになった。よく知らない人と取り引きするにもそのほうがよい。それが、理性主義と合理思想に基づく近代資本主義の誕生と密接な関係があるであろうことは、容易に想像がつく。

ダリが《記憶の固執》を発表した一九三一年ごろは、そうした近代の理性主義的で画一的な認知様式への反抗と疑問が湧き上がり、新しいアートや文学・哲学が実験されていた。また、アインシュタインの相対性理論がインテリの間で広く受け入れられ、時や空間の相対性への興味が高まっていた時期だった。ダリの作品も、当時その角度から話題となった。ダリ自身は相対性理論の影響を否定したらしいが、ラレがこの絵に魅了されたのは、ラレの自閉圏的な認知特性から、時間や空間の主観的理解が人によっていかに偏っているかを感じとっていたからではないだろうか。

自閉症スペクトラムの「症状」の一つとして、時間感覚の問題がよく言われる。仕事で決められた時間をいつも忘れたり、あっという間に時間が経ってしまったりして、フラッシュバックを経験する人も少なくない。実際、第3章で紹介するコラさんのように「時間の感覚が三分も三時間も変わらない場合がある」と語ってくれた人もいる。決して珍しいことではない。

日本の福祉事務所などに置いてある自閉症当事者向けのパンフレットでは、時計やストップウォッチの活用を推奨している。自閉症当事者の主観的な時間感覚が、定型発達の多数派が想像できないほどに大きく違う場合があるからだ。

だが、認知特性の多数派が感じるままの時間や空間だけが、たった一つの理解なのだろうか。時間の流れが個人的なものであることは、誰にとっても原理的には同じだ。にもかかわらず、「感じ方のマイノリティ」である非定型インテリジェンスは、世間の時間の感じ方に合わせられないことで不便や不利益をこうむるばかりか、病的な「症状」と見なされる。社会を運営するためには仕方がないかもしれないが、「多数派の感覚に合わせられるかどうか」を基準に、「病」という価値判断が行われていることも事実だ。

「予期できない」という不安

ビックリハウスを訪ねるうちに、私はふと思いいたった。

私のような訪問者にとっては思わぬことが起きるのがビックリハウスだが、ラレにとっては、リアルの生活こそがビックリハウスのなかにいるようなものかもしれない。どこから出てくるかわからないブロックや目に見えない壁は、自閉圏の認知特性をもつ人が現実世界で経験していることの表象なのかもしれない、と。

ラレのビックリハウスは、見えているものをそのままの真実だと思うと、まったく前に進むことができないようにできている。そこでは、多数派の「見え方の常識」が正しい解ではない。常識からくる予測は通用しないし、むしろ危うい場合すらある。これは、多数派のもつ感覚や認知が絶対的あり方だという思い込みに対する、ラレの静かな反抗なのかもしれない。

ここはラレが歩いてきた、そして今日もどこかのリアルの街角で現実に体験している彼の内面の地図なのかもしれない。ときには恐怖のビックリやら、さむざむしい冷蔵庫のなかに入り込んだり、そして七色のシャボン玉のような夢の表象に恍惚《こうこつ》としたり。あてどもなく旅するようにできたこの迷宮は、その彼の内部を表象する地図であり、訪問者はそこをアバターとして歩いて、自分の内面と照らし合わせるようにできた場所なのかもしれない。

私たちは毎日の生活で、次に起きることを瞬間瞬間に無意識に予期しながら、次の行動を決めている。渋谷のスクランブル交差点のようなところでも、人々はあまりぶつかることなく動けている。それも予測能力のおかげだ。会話のなかでも、ちょっとした顔の表情で次に言いそうなことを予測したりする。そのマルチな次元の予測機能は、ＡＩによる車の自動運転技術以上の複雑さではないか。

最近の研究では、自閉症の人々は自分をとりまく環境が送ってくるシグナルや、人間行動の見えない合図を正確に受け取り、次に起きるであろうことを予測する機能に問題があるという。それこそが自閉症の「症状」の核にあるという有力な説もある。

この説を敷衍すると、自閉圏の人がいわゆる「常同行動《じょうどうどう》」をとることや、手続きが規則的に決まっている行動を好むのは、予測できないことを減らそうとしているからだと考えればつじつまが合う。ＭＩＴ（マサチューセッツ工科大学）の脳神経学者パワンシンハ博士が主導する研究者チームは、この考え方を「自閉症マジカルセオリー」説と呼ぶことを提唱している。

過去数十年のあいだ、自閉症を研究する科学者たちは「自閉症の本質はこれだ」と定義することに多くのエネルギーを費やしてきた。だが私は、そのことにかすかな違和感を持ってきた。自閉症の定義が変遷してきた歴史については、前著『ハイパーワールド』（NTT出版）のなかで随分と書いたのでここでは触れない。しかし「予測不安こそ核だ」という説も、そういう側面があることは事実だが、それだけですべてを説明することには違和感がある。

とはいえ、自閉圏に暮らす人々には、感覚や認知の特性の違いから、社会で生活していく上では予期できない困難と驚きが待ち受けていることがある。思わぬことで人を怒らせてしまうこともある。ラレのビックリハウスは、自閉圏に住む人の日常生活にも似ているのかもしれない。

言葉で世界を語ることの限界

やがて私は、さらにビックリハウスの奥へと進み、何本もの緑色の光のビームが長い廊下を貫いて走る部屋に入った。廊下の周りの壁は配電盤のようなパターンだが、床はどうもコンピュータの電子回路基盤みたいなパターンに見える。

ラレが次のように語っていたことを思い出す。

「僕はハイウェイとか、ともかく奥行きがある世界が好きなんだ」

ラレの作る世界は、たしかに奥行きがある世界だ。彼のヴィジョンはとても二次元では表現できないし、言葉でも尽くすことはできない。コンピュータのマザーボードのなかを歩いていくようにできている部屋では、緑のビームが光の矢のように私のアバターが立つ廊下を走っていき、奥行きのある世界を構成している。

ラレはユニークなものの見方や感じ方、つまり認知特性を持っている。彼が視覚情報を認知することに優れているのはたしかだが、写真のような二次元で認識するタイプではない。つまり彼は、奥行きのある三次元、しかも動きがあるビデオ映像のように世界を理解し、記憶しているのだ。ビックリハウスのようにヴァーチャルの複雑な建物を作り上げることができたことにも、そうした能力がおそらく生きているはずだ。

しかし、三次元の映像のように感じ考えることと、映像のような三次元でその思考を表現しコミュニケーションできることは、同じではない。

ふつう、脳の深いところに生まれた映像は、他者にそのままではテレポートすることはできない。だから、それを他者にもわかるように表現するには、それを翻訳する手段が必要だ。幸いなことに、ラレは三次元の脳内映像をそのまま三次元で表現できるデジタルの仮想空間に出会った。

エッシャーもラレと同じく、その心象に映った驚きの世界は、三次元またはそれ以上であった。しかし、それを表現する版画はあいにく二次元の世界だ。


夜の暗黒の中で私がみたものを、あなたに分かってもらえたら……。

（ブルーノ・エルンスト『エッシャーの宇宙』坂根巌夫訳、朝日出版社）


この言葉は、エッシャーが自らのインスピレーションについて、評伝作者で友人のエルンストに対して語った言葉である。その深い漆黒の夜のなかで最初に彼の心象に映ったものの感じたものへの「慄《おのの》き」に比べれば、「それらを視覚言語で表現できないみじめさで、私は時々気が狂いそうになるのです」とエッシャーは語っている。

そして私は、ラレが言葉少ない人であることも思い起こしていた。

自閉症スペクトラムの人々のなかには、言葉の発達が遅れている人や、言葉の意味はよくわかっているのに身体と連動させる発話が苦手な人は少なくない。それが自分自身のうちに閉じこもっているように見えることから、一九四〇年代に古典的な「自閉症」が定義された。

ラレはこうした古典的な意味での自閉症ではなく、高機能自閉症スペクトラムにあたるようだ。もっとも、彼は子どものころから古典的な自閉症と診断されたこともあれば、アスペルガーと診断されたこともあるらしい。いずれにせよ、寡黙な人であることに変わりはない。

ラレにはもっと大事な心が震えるような世界が見えていて、それを簡単には人に伝えられないので、あえて言葉を尽くすつもりがないのかもしれない。ある日、彼が自助グループで次のように語っていたことを思い出す。

「リアルの世界は、白と黒の世界だよ。僕の知覚のせいだけれど」

彼にとっては、仮想世界こそがカラーに満ちているのだ。色彩と奥行きに富んだヴィジュアルの世界こそ、ラレにとっては大事な世界なのだろう。この世界を言葉でどう語れるというのか。本当に大事なことを語りたいとき、言葉は十分にそれを表出できるだろうか。

その一方で、言葉というものは人間を人間たらしめているもの、と一般には思われている。サルと人間の違いはそこだ、と。

メルロ＝ポンティの言い方を借りれば、人間は自分にとっての環境を眺めるようになる不思議な生物だ。眺める手段として言葉は重要だ。人間はその生物学的存在形式によって環境にしばりつけられているにもかかわらず、言葉を通じて環境を超越して実在するようになるからだ。しかし、言葉だけに焦点をあてて他者のインテリジェンスをはかりがちなのも、人間の悪いクセではないだろうか。

言葉だけでなく、人間はヴィジョンでも自分にとっての環境を眺めることができる——。そういう非定型インテリジェンスの力を、私はこのビックリハウスで見せつけられていた。

ラレの創造性の秘密

ラレの頭の中は、いったいどうなっているのだろう。この日、私は少し踏み込んで、視覚や聴覚が人より鋭く、感覚過敏があるのかどうかを尋ねてみた。

「聴覚の感覚過敏はないと思う。でも、われわれ非定型の人間はよく絵や映像で考えると言うよね。それは僕も絶対に本当だと信じている」

ラレのビックリハウスでは「眼」のイメージはよく出てくるものだった。たとえば、ある部屋には灰色の影のような人間の頭が置かれていて、その両眼から一段と力強く鋭い緑のビームが走り出している。彼の視覚優位の世界の捉え方を表しているのだろう。

ちなみに、絵や映像で考えるということは、視力がいいことと同義ではない。ラレも視

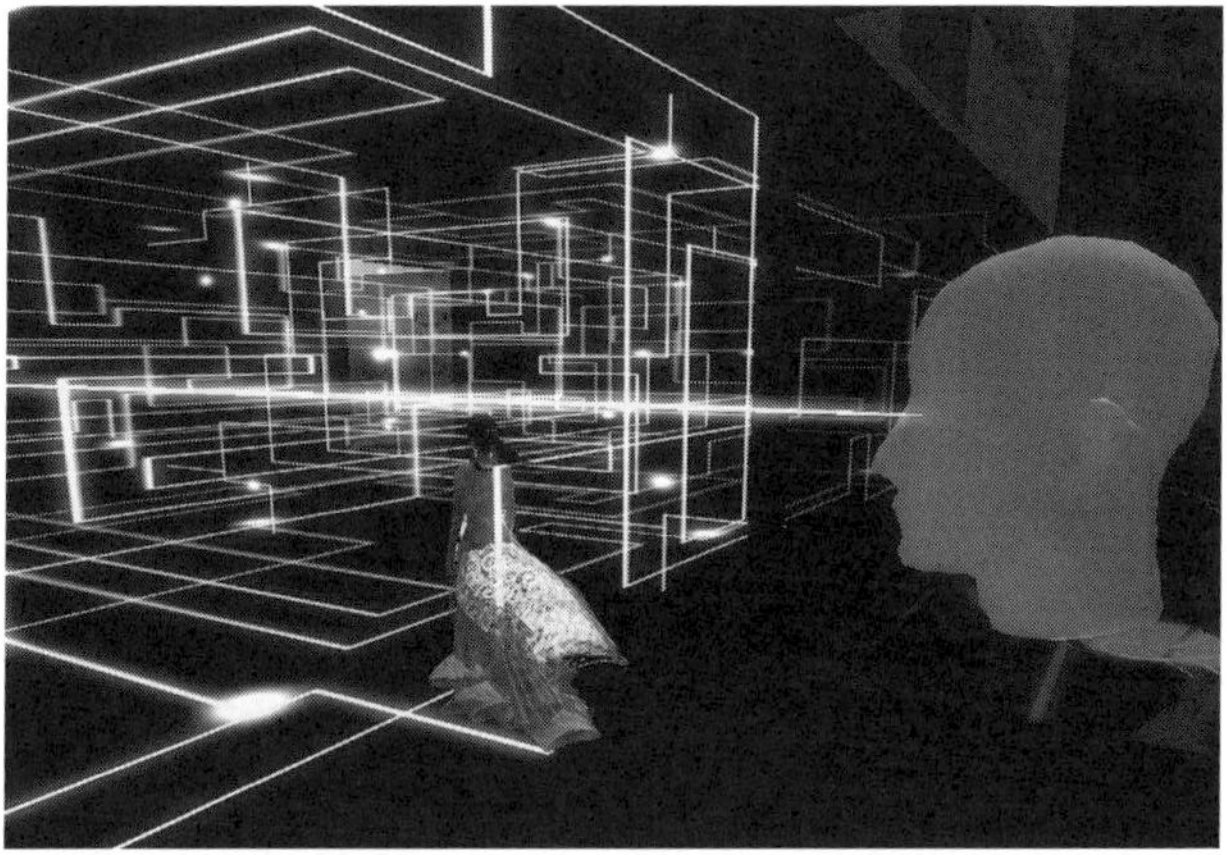

眼をモチーフにしたラレの部屋

力がいいわけではないようだ。むしろ視野の中心部を見るくせがあり、周辺の視野が欠けるトンネルヴィジョン（周辺視野障害）の傾向があると言っていた。

つまり、ここでいう「視覚優位」とは網膜像では説明しきれない領域で、脳の情報処理の方法に関わるものだ。それは「心の眼」に映る映像や絵であり、それがラレの「考える単位」になっているのだった。

視覚優位のラレが作った世界は美しく不可思議だ。私はどんなときにアイデアが思い浮かぶのか尋ねてみた。するとラレは、ちょっと困ったようにこう答えた。

「この世界から心を別のゾーンに飛ばして違う世界に行くんだけど、それってすごくリラックスするし、インスピレーションがふってくる感じなんだ。要するに、ただ座って自分の考えをヴィジュアライズ（視覚化）するんだよ」

私の頭に、「只管打坐《しかんたざ》」（ただひたすらに座る）という道元の言葉が浮かんだ。道元の『正法眼蔵《しょうぼうげんぞう》』は、日本人の思索の書として最高峰の一つとされる。禅の教えは、言葉では説明しきれない深さを持ち、「身心脱落」の座禅により磨いた智慧によって感得するしかない。言葉と論理にとらわれている凡人にとっては、「眼」はそれを超える智慧の象徴ともいえる。

ラレは言う。

「僕はね、なにか自分が好きな特定の感覚の、その深みに心をフォーカスするんだ。たとえば、あるときはハイウェイをぐんぐん走るときの感覚の深みとか、あるときは透明な色彩のイメージに、またはサイケデリックなアートみたいなものに。そこに音楽があると、またその（瞑想的な）経験を深めてくれる」

創造の方法を語るとき、ラレはいつも瞑想的な雰囲気になる。ただしそれは、かつてヒッピーたちがドラッグの力を借りて入ろうとした境地ではない。周囲への意識を少し落としてはいるが、完全に現実から乖離《かいり》しているわけではないようだ。

私は子どものころに読んだ宮沢賢治の童話に感じた、なにか気味の悪いような読後感を思い出していた。目に見えるものをそのまま素直に信じていた子どもだった私は、それ以外の原初的な感情をひきおこす賢治の童話は落ち着かなかった。心の深みから生まれ出ずるものは、どんなに奇怪に見えてもそこに真実がある、と賢治は言う。宮沢賢治と同じように、ラレも心の深みに潜む心象を追求しているようだった。非定型インテリジェンスの深みの淵をのぞき込みはじめた私は、さまざまな分野で、無意識のうちに自分の既成概念や無自覚に「眼に見えるもの」を、疑えるようになってきているのかもしれない。

もちろん私は、無名のラレが、ルイス・キャロルやエッシャー、ダリ、ウォーホル、宮沢賢治などと同位の天才だと言いたいわけではない。ただ、彼らには心の底から湧き上がるインスピレーションがあり、それが独創性の鍵になっているという共通性がある。

それに、ある人が天才になれるかどうかは、社会がどう受け入れるかによるだろう。しかし、これまでに参照した歴史上でも類い稀な人々は、心の奥に映る真実に忠実で、どんなに奇怪でも、また世間が受け入れなくても、それを表現する人々だった。彼らの拘りや認知特性は、そのまま彼らの独創性の重要な源泉だった。その意味で、ラレと彼ら天才たちのインテリジェンスのスペクトラムはどこかで踵《きびす》を接している。

そして少なくとも私にとっては、ラレの世界を歩いたことで、彼ら奇想の天才たちの世界への理解が深まった気がした。ラレの世界は、私にとって鏡の国への入り口だったのだ。その鏡の先には、さまざまな非定型インテリジェンスの多様で豊かな世界への通路が開かれていた。

自由を構成する三つの要素

ある日、ラレは次のような言葉を漏らしていた。

「仮想世界のほうが、僕にとっては自由（フリーダム）があるよ。もしリアルの街でアートを展示しようとしたら、大変なお金がかかる。一日場所を借りるのに、デジタルで一か月以上の費用がかかるんじゃないかな。そんなこととてもできないよ」

なにかをなすことや達成できることは、ラレにとって大事なことだった。「フリーダム」という言葉は私の心をざわつかせた。それがとても重い言葉だからだ。ラレにとってのフリーダムとはなんだろうか。

英語のフリーダムという言葉には、深い複雑な意味と歴史がある。私の恩師でもあるハーバード大学のオーランド・パターソン教授には、『西洋文明におけるフリーダム』という名著がある。それによれば、西洋文明でいうフリーダムには三つの構成要素があるのだという。すなわち、純粋に内心の自由という意味の「個人的自由」、公共社会の意思決定に参加する「政治的自由」、他者を動かして自分がやりたいことを達成する「主権的自由」の三つだ。

米国は「自由の国」とよく呼ばれる。この言葉を聞いた日本人の多くは、先の分類でいう「個人的自由」と「政治的自由」を頭に浮かべるのではないだろうか。しかし実は、それに加えて三番目の自由、人を動かして経済的に成功したり、何かを達成したりできる自由のある土地として、米国は人々を惹きつけている。その反動もあって、アメリカでは「フリーダム」という言葉が保守主義と馴染みのいい言葉と捉える向きもある。つまり、政府による規制や干渉により格差を是正することは、個人の経済的な「フリーダム」を損なうものという考え方もあるのだ。それは保守主義に通じている。

自閉症当事者や障害者たちが、これら三つの意味の自由をすべて享受することはなかなか難しい。ラレも「人生で何かを達成したい」と言っていたが、ものの見方や感じ方が多数派と違うばかりか、その感じ方を社会に向かって表現する既成の方法ももたない。さらには実際のところお金もない。だから、三番目の「主権的自由」を行使するのは現実社会では楽ではない。

しかし仮想世界のなかでは、ラレはビックリハウスの創造者であり、オーナーであり、すべてをコントロールできる。そこを訪問する人を楽しませ、翻弄《ほんろう》することができる。ここではラレが主権者なのだ。私はそれを一緒に体験できて本当によかった。

そして、自由を語るラレの口から、同時にお金の話が出てきたことには驚いた。そこで私は、以前から気になっていたことを思わず聞いてしまった。

「ラレは大学で何を勉強したのかしら。コンピュータとか？」

「えー、なに言っているんだよ。僕はカレッジで勉強したことなんてないよ。なにからなにまで、この二十数年の独学の成果だし、家には大学なんて行くお金はなかったよ。今だって、セカンドライフの建物を維持するための料金をなんとか払っているんだ」

セカンドライフは基本的に無料なのだが、ラレのようにそこに複雑で大きい構造物を建てる「土地」を持っていると課金される仕組みだ。どうやらラレは、その高いインテリジェンスとアートの才能にもかかわらず、リアルでは必ずしも経済的に恵まれた環境にいるわけではないようだ。

私のビックリハウスの旅は、知らないうちに四時間近くに及んでいた。ここは、あっという間に時間が経ってしまう竜宮城だ。現実の私の体と目は、コンピュータのモニターの前で疲れ切っていた。また戻ってこよう。

そして、私は新しい決断をしようとしていた。ビックリハウスを案内された私は、現実世界のラレに会ってみたくなっていたのだった。

第2章　創造性の秘密をさぐる
——ラレさんの場合②

「デジタル・エスノグラフィー」という方法

私はデジタル・エスグラフィーと言われる研究手法をとる。それは、アバターという分身も一つの人格として尊重する前提に立ち、彼らの主観に迫る手法である。つまり、分身一人一人をありのままに記述するという方法だ。

アバターというフィルターを使ってきたからこそ、自閉症という話しにくい話題もアバターたちはオープンに語ってくれたのだ。アバターという仮面を超えて本人に会おうとする試みは、ほとんど仮想世界のエチケット違反みたいなところがある。

だが、私にとって内なる時が熟していた。非定型インテリジェンスの形を追って、自閉症スペクトラムのアバターたちの会話に参加してもう七年の歳月がたっていた。私たちの研究チームが仮想世界の自閉症自助グループに参加した数もすでに一〇〇回を超していた。仮想世界のなかでの自閉症アバターたちの精神生活が、いかにさまざまな現実生活や環境の制限から彼らを解放してくれたのか、みなこもごもに語ってくれた。しかし、その現実生活との関係はまだわからないことが多かった。

そのころの私は、いままでの研究成果を珍しく日本語の本に書き下ろしていた。私はこれまで米国で学者としてキャリアを積み重ねてきたので、英語で出版した成果のほうが日本語で書いたものよりずっと多い。しかし、もともといい歳をして日本のキャリアを捨てて米国に渡ったので、私の頭は完璧にメイド・イン・ジャパンの脳神経構造と言語回路を持っている。英語で書くたびに「これが日本語であればどんなによいか」といつも思っていた。

二つの言語でものを書くということは、そのたびに二つの自分を往還することである。それぞれの言語で、できることと得意なこと、難しいことと無理なことが少しずつ異なる。その理由は、日本語と英語の言語の特徴が違うことが一つだろう。さらに、研究自体が日本語で行われたか、英語で行われたかという問題がある。ある部分は日本語で考えていても、他の概念は英語でもともと思いついたことであったりする。

二つの言語の間を行き来する——それは、まるでアバターという分身をいくつも使い、複数の自分を往還しているようなものだ。私という存在は、時により、また置かれた環境に触発されて湧き出てくる、アバター・ネットワークの総体みたいなものだ。

ラレとの交渉

ようやく『ハイパーワールド』を出版できたのは僥倖《ぎょうこう》だった。この本は、自閉症アバターが仮想世界において語ってくれた世界を、自閉症研究の社会史と最新の自閉症研究の成果とに幅広く照らし合わせながら報告し、解釈してみたものである。

NHKディレクターの三輪祥子さんが「本を読みました」と電話してきたのは、出版されてからまだ一か月半あまりのころだったと思う。彼女は「面白かったです」と熱心に言ってくれ、米国に撮影に行きたい、自閉症アバターに会いたい、私がインタビューするところを同行取材したい、それも来月に——と思いがけない話をしてくれた。

私もアバター本人に会うつもりではあったが、そう簡単にテレビカメラの前に出てくれるとは思えない。ありがたいとは思ったものの、数日後に三輪さんが「今回は予算が取れなかった」と言ってきたときは、拍子抜けしつつもほっとした。

そんないきさつはさておき、私の心はすでに「ラレとはぜひリアルで会おう」と決まっていたので、プロジェクトに弾みがついた。

「僕は山のなかに住んでいるんだよ。キレミミ（著者のアバター）、本当に来る気？　けっこう大変だし、遠いよ」

ラレはワイオミング州のジャクソンに住んでいた。

初めてそれを聞いたとき、私も「ワイオミング！　遠い」と正直思った。米国に長年住んでいる私も、いままで縁がなかった場所だ。イエローストーンなど三つの国立公園に接し、まだ西部劇の時代のようなワイルドな自然風景が味わえるという評判しか知らない。

ところで、自閉症当事者の自叙伝は現在かなりの数に上っているが、やはり言語が比較的発達した人が書くことが多い。また、米国で活発に行われている当事者ブログもとても参考になるのだが、どうしても当事者運動の主張を述べる内容が多い。

そんななかで、デジタル3Dの世界を表現手段とし、自分の内部世界の地図を作り上げているラレの活動はユニークだった。紹介もしたいし、もっと彼自身を深く知りたかった。

私は、定例の自助グループにやってきた彼を捕まえ、私のセカンドライフ上の「自宅」でコミュニティ広場でもある「ラ・サクラ」に彼を招いた。その後、合計五時間ほどのチャットを続けた。そこで彼がリアルでのインタビューを承知してくれたとき、私は首筋と手にじっとりと汗をかいているのに気がついた。

ワイオミングという土地

ワイオミング州は、全米五〇州のなかでもっとも総人口が少ない。人口比率に応じてあてがわれる米国議会下院の議席数でいうと、総議席数四三五のうち、もっとも人口の多いカリフォルニア州が五三議席であるのに対して、ワイオミング州はなんと一議席だ。

広大なアメリカでは、地域によって経済だけでなくライフスタイルも大きく異なる。ラレが求めるようなデジタルアートや音楽は、都市文化の象徴みたいな部分がある。ワイオミング州は、そうした分野の創作活動に向いた土地ではない。

私自身、仕事でよく訪れる機会のある西海岸はともかく、広大なアメリカ中西部には土地勘がない。初めて米国に留学した一九八〇年代、私はアメリカ建国時代からの古いレンガ造りの建物が多い街ボストン（正確には、ハーバード大学は隣町のケンブリッジ市にあるのだが）が、アメリカにおける自分のホームタウンだと思っていた。

また、博士号を取得した後に長年社会学を教えていたイェール大学があるコネチカット州ニューヘブンは、ボストンから電車で二時間半ほど南の、やはり古い街だ。大学のキャンパスはヨーロッパ風で、ネオゴシック建築の石造りの建物が並ぶ。その後はさらに南下して、現在住んでいるのはニューヨーク。世界の経済と文化を際限なく吸い込む活気は、今の私を魅了している。

つまり、私が住民として内側からよく知っている米国は、いずれも東海岸の都市部ばかりだった。こうした東海岸の街々は、トランプ大統領の支持層が漠然たる仮想敵とした「東部エスタブリッシュメント」のなかでも、リベラル・インテリ層の巣窟《そうくつ》であると言えるかもしれない。

トランプの熱心な支持者は、大まかに言って地方の労働者や中間層の白人が多い。とりわけ、グローバル化する経済のなかで、生活の質がどんどん地盤沈下している地域や産業に関係する人々だ。実際、私のまわりにいるニューヨークの知識人たちの間では、トランプ政権の誕生は「まさか」の事件であり、予想もしない悪夢の始まりでしかなかった。しかしそれは、私も含めた東部知識人が地方の庶民感覚に疎かったということでもある。

ワイオミングは伝統的に共和党支持が強い州で、二〇一七年当時、州議会の上院と下院を合わせた九〇議席のうち、七八議席を共和党議員が占めていた。ワイオミングでは大統領選でトランプが勝利したが、それは誰もが想定する結果だった。都市は少ないというより、そもそも州全体の人口も五〇万人台半ばなのだ。このように保守層が強い土地柄で、さらに人口が少ない場所においては、障害者や性的マイノリティなど多様な人々を生かす政策は遅れがちだし、アーティストが住みやすい場所ではない。

格差の拡大が進む街で

ニューヨークにある勤務先の大学が夏期休暇に入るのを待って、六月、私はワイオミング州ジャクソンへの旅に出た。

取材は難しいと思っていたNHKの取材班もニューヨークにやってきた。三輪ディレクターと竹内秀一カメラマンが、ジュラルミンケースにたくさんのカメラを詰め込んできた。幸いなことに、冷や汗の出るような長いチャットを経て、ラレもカメラが入ることに

自然豊かなワイオミング

驚きながらも快く承知してくれたのだ。
記録係として私をアシストしてくれる院生のルイスさんたちもいる。私たちは、総勢六人でワイオミングへと旅立った。
飛行機を乗り継ぎ、ジャクソン市にむかう。ワイオミング州に入ると、まだ白雪に半ば蔽われた山塊がまるで長い屏風のように佇立する。その直下、人工物がほとんど見えない緑の大草原の上にジャクソン空港はある。通称はジャクソン・ホール。周りの高い山岳地帯を越えてこの谷間の草原の町へと入った昔の旅人が、まるで穴（ホール）に入るように感じたことに由来するという。こぢんまりしてはいるが、草原の空港はセンス良く整えられている。行き交う観光客は国際的で、身なりもどことなく小綺麗だ。

緑一色の草原の中を、白いハイウェイが一本のびている。野生動物のエルク（ヘラジカ）などの保護区を抜け、ジャクソン市へと至る一本道だ。

実はジャクソン市は、一昨年の一年間で、全米でもっとも不動産価格の上昇が激しかった場所でもある。リゾート景気の資産バブルは町の一部の人々を潤した。小さな田舎町に、カリフォルニア風の健康メニューのレストランが増えた。

だが、もともとの地元住民だれもが、その「ブーム」の恩恵にあずかれるわけもない。むしろ賃料が上がって困っている人もいて、もとからいる住民との格差も進んでいるらしい。ラレは、もちろん「もともと」の住民のほうだ。

待望の出会い

私たちは、さっそく郊外に位置するラレのアパートに向かった。

自閉圏の人々のなかには、触覚過敏でハグが嫌いな人もいる。仮想空間で長く交流してきたことを考えると、こういう場合に初めて会ったときは、アメリカではハグするほうが自然だろう。でも、ラレは大丈夫だろうか。念のためメールで聞くことにした。ラレからは、「ハグはいいねえ」という返事。なんとなく嬉しかった。

ラレの「山のなかに住んでいる」という言葉はやや大げさかもしれないが、そこは小山と牧場に囲まれた緑の濃い地域だった。

アパートのドアを叩くと、アバターのラレによく似た柔らかい雰囲気の長身の男性が、はにかんだ表情で私たちを迎えてくれた（以下、ご本人もアバター名の「ラレさん」と表記する）。かすかに片方のツルが歪んだ丸メガネに、黒いTシャツのラフな格好。それはアバターのラレとよく似ていて、優しい笑顔を浮かべている。

飾り気のない小さなアパートは、独身男性のものらしく簡素だった。手前に小さなキッチン、奥には大きな古いソファ、あまり使っていなそうな自転車、それにDJ用のターンテーブルなどが置かれている。

キッチンとリビングの間には、回転式の古い安楽椅子がある。その周辺には、それぞれよく使い込まれたラップトップ・コンピュータ五台とミキサーが置かれている。それ以外に余分のものは何もない。ラレさんのビックリハウスは、エッシャーやシュールレアリスムなどの影響が明らかだが、部屋のなかには関係する書籍などはとくに見当たらない。

とりあえず、私たちはラレがアバターを使うところを見せてもらうことになった。

「こんな風にくるくるまわってね」

ラレさんが三回も同じ言葉を繰り返す。その度に回転式の安楽椅子をまわして、楽しそうに複数のコンピュータを使うところを実演してくれた。このスペースが、彼の仮想王

パソコンに囲まれたラレさんの定位置

国のささやかなコントロールセンターだ。

コンピュータをひとつひとつセカンドライフにログインさせて、全部で五人のアバターがそれぞれのモニター上に現れた。

「じゃあ、それを全部一緒の場所に呼んで。私も挨拶したいから」

私も自分のラップトップを開いて、急いでログインした。

ラレさんは「それアニー、行け！」「ほい、着いたぞ！」と小さな声をあげながら、アバターひとりひとりを綺麗なパビリオンに集めた。みな同じようなレイブスタイルで、黒いカジュアルな衣装に七色のネオンの飾りをあちこちに巻いている。五人揃った彼らは、仲の良い兄弟姉妹みたいに見えた。

それから、私のアバターをその場所にテレポートしてくれた。キレミミがその場に現れる。現実の私とラレさん、彼のアバター五人と私のアバターの総計八「人」が、リアルの空間と仮想の空間に揃って、今ここにいる。なにか嬉しくて楽しくて、ふたりとも笑みをうかべた。

ベテランの竹内カメラマンが、コンピュータのモニターに大きなカメラを近づける。ラレさんは安楽椅子を忙しくまわして操作を続けると、年季の入った回転椅子の足がカタッとはずれ、あやうく転びそうになった。

こうして、お互いにすごく緊張しても不思議ではない、TVカメラを交えた初めてのリアルの出会いは、仮想世界を共にすることで楽しい興奮とともにスムーズに始まった。

ラレさんが感じる困難

竹内カメラマンは「どのようにラレさんの映像を撮ったら、番組のなかで自閉症当事者という感じが出るのか」と私に質問した。

「僕は、緊張すると手を揉むくせがありますけど失礼します」

ラレさんはそのように言っていた。手をひらひらさせたり揉んだりする行動は、自閉症特有の身体動作で、常同行動とも言われる。しかし、ラレさんのそれは取材班の人が気がつかないくらいのものだった。たしかにアメリカ人としてはかなり静かな感じだが、もしラレさんが日本人だったらほとんど目立たないだろう。

自閉症スペクトラムの症状は、バリエーションが大きい。だからこそ「スペクトラム」と言うようになったのだ。たしかに、身体動作などに強い症状が出る人はいる。同じ言動を何回も繰り返したり、緊張するとハミングをしたり、髪の毛をいじったりするという人などだ。飛び回ったり、吃音《きつおん》が激しくなったり、外見的にはっきりとわかる症状が出る人もいる。その一方で、声が出なくなるなどして発話に障害が出る人もいる。

自閉症スペクトラム障害の中心症状は、「対人交流がうまくいかない」ことである。しかし、対人コミュニケーションの問題は客観的な評価が難しく、どこまでが障害かという線が引きにくい。つまり、自閉症スペクトラムは「目に見えにくい障害」という性質があるのだ。

私たちは、そのことを忘れてはならないだろう。その差異が周りの人には一目でわかりにくいことが、自閉症当事者からすればとても困る場合がある。そんなとき、好意とはいえ「とても自閉症には見えませんね」などと言われると、イラッとすると語ってくれた自閉圏の友人もいた。

つまり、実際にコミュニケーションの少数派で、感覚過敏があったり時間の感覚が違ったりして生活上大きな不便を感じるのに、それが必ずしも外見的に現れないので、友人や同僚から理解されにくいのだ。ラレさんもそうした人かと思われた。ラレさんが生活のなかで感じている「障害」は、やはり人間関係、それも仕事関連だという。

もっと若いときは、感覚過敏などから来るパニック状態の発作が起きることも多々あったという。一般に自閉症スペクトラムの人々は、感覚情報や感情の脳への負荷が過剰になると、アバターたちがよく使う言葉でいうと「メルトダウン」を引き起こすことがある。

メルトダウンとは、自分で自分をコントロールできない発作的状態をいう。仮想世界の自助グループでは、自閉症アバターたちがどうやってメルトダウンを起こさないようにするかがよく話し合われていた。ある当事者によれば、脳のさまざまなモジュールが情報の過剰負担という状況に陥り、まるで内側から自分のコントロール・メカニズムが壊れてしまって、自分の全体がコントロール不能になるという。また、別の自閉症アバターは次のように表現していた。

「内部から自分が統制不可能になるようで、まるで急ブレーキをかけて一気にフリーズしてしまう感じ」

子ども時代のラレさんも、そんな発作を何度となく体験し、病院に担ぎ込まれることもあった。しかし、成長するにつれて発作の回数は減少し、治まってきたという。

「家のなかでは起きないけれど、職場では……ね」

ラレさんはそう語っていた。

スーパーマーケットの深夜勤務へ

ラレさんは、大手スーパーマーケットで働いている。週五日、規則正しく勤務に行く。そのうち二日は、深夜から午前中までの長時間勤務だ。棚に次々と商品を補充していく商品管理が仕事だが、たまに客が商品について質問してくることもある。

高校を卒業してすぐはマクドナルドで働いていたが、彼にとって「ひどい仕事だった」。その後、この大手スーパーチェーンの地元店に就職することができた。ラレさんは、この地味な仕事をもう一八年間もコツコツと続けている。

この日、ラレさんは深夜の仕事に行くという。今日のシフトは深夜一二時から。私たちも一緒に職場まで行くことにした。私が「一八年勤続ってすごいね」と言うと、こんな言葉が返ってきた。

「そう言ってくれる人もいる。高校時代の先生とか」

いつも恨みごとを言わないラレさんは、今の仕事には満足しているという。三八歳になった。

「でも、ほかのキャリアを築くことをあきらめてしまったわけではない」

本当は、コンピュータ関係や音楽関係の仕事をやりたいのだそうだ。ところがラレさんは、ちょっとシャイな表情を浮かべながらこう付け加えた。

「でも、ここは小さな町だからね。こういう場所で、クリエイティブであることはすごく難しいんだ。そのうえ自閉症スペクトラムだからね。わかるだろう?」

九時半ごろになると、そろそろ身支度をすると言い出した。一〇時前には家を出る。まだ勤務開始まで二時間以上あるが、バスを乗り継いでいくのだという。アパート近くの停留所に行くと、身の回りの品が入ったスーパーの小さなレジ袋を下げてバスを待つ。

暗いバス停は深い闇に包まれている。他の人影もない。早く来すぎたようだ。

六月のジャクソンは、爽やかな夏のはじまりの只中にあった。湿気の少ない清明な空気が流れている。だが、ジャクソンが華やかなスキーシーズンを迎える冬になれば、深夜のバス停は暗く凍りついているだろう。ラレさんは、どうやって乗り換えバスを待つのだろうか。一八年勤続するなかで、一八回の冬をどう越してきたのだろうか。

深夜のバス停は静かで話しやすい。

「どういうときに職場で難しいと思うの?」

「人間が一番難しいよ。お客や同僚、両方だね。いろんなことを一度に言われて、いっぱいいっぱいになってしまう」

仮想世界ではあんなに一度にいろいろなことが臨機応変にできたのに、現実世界のマルチタスクは楽ではないという。

深夜勤務も大変そうだ。しかしラレさんにとっては、顧客や同僚が少なく静かな深夜のほうが楽なので、自分で深夜勤務を選んでいるという。

「いろいろと錯綜《さくそう》することをやらなくてすむ。静かだしね。ものすごい量の商品がいっぺんに着くこともないし」

ワイオミングの深夜のバス停やスーパーマーケット——ラレさんが好むのは、体温と匂いとチリと騒音を背負ったリアルの人間にできるだけ出会わない時間だった。そのなかで静かに活動し、たんたんと日々の糧を稼いでいる。彼がもっとも生き生きと人間らしく活動するのは、黄昏《たそがれ》どきの仮想空間においてだ。

リアル世界で制限される自由

スーパーでの商品管理は単純作業だし、収入が良いわけではない。それでも近所に住む父母（現在は離婚）とほぼ独立した生計を維持できるのは、この仕事のおかげだ。

ハンディマン（便利屋）として働き続けてきた父親とは、いまでも毎週一度はディナーをともにしているし、日曜日の朝には教会にも一緒に行く。父親とはいい関係を築いているようで、それがラレさんの精神の安定にもつながっているのかもしれない。ただし、父親はデジタル世界のラレさんのことは理解していない。そのうえ収入は、彼の質素な生活をギリギリ支える程度だった。

夜のバス停に、やっと路線バスが来た。

ラレさんは一番後ろの席にどっしりと座る。もしかしたら座る席も決めているのかもしれない。一五分ほどでそのバスを降りると、乗り換えのために大股で暗い裏道を五分ほどスタスタと歩いて行って、違う路線のバス停に移動する。店の軒先に置かれた木製のベンチに座って次のバスを待つ。

地図で見るかぎり、自宅から勤務先への直線距離はとても近い。経済的に困難があるにしても、どうしてオンボロでも車を持たないのだろうか？　そうすれば、小一時間かけてバスを乗り継ぐ必要もない。ラレさんは運転しないのだろうか。

「僕は運転免許を持っていないんだよ。一六歳のころ、父が許してくれなかったんだ。危ないって言ってね」

第1章で述べたように、何かのイメージにふと心が飛んでしまったりするのは、彼のクリエイティビティの源泉だった。そんな彼にとって車の運転はたしかに危険だろう。父親は息子の安全を心配した。

そのうえ、子どものころに住んでいたオクラホマ州の小学校では、たびたび発作的なメルトダウンを起こしていた。クラスの男の子たちから、言葉的にも肉体的にも酷いいじめを受けており、それがメルトダウンのきっかけになっていた。そうした状態は中学でも続いたという。

「セカンドライフのほうがリアルだって言っていたけれど、どうして？」

「そっちのほうがもっといろんなことができるから」

たしかに、ここワイオミングでは車がないとさぞかし不便だろうし、ラレさんが自分の可能性を伸ばすうえでも障害があるだろう。私は、彼が「仮想世界はフリーダムがある」と言っていたことを思い出していた。ラレさんの「主権的自由」は、ワイオミングの現実世界では制限されているのだ。ここではセカンドライフのようなテレポートはない。

視覚優位を活かした商品管理

しかし、今のラレさんは落ち着いて平穏な感じを受ける。高校で彼の特性に理解のある先生と良い友達に囲まれ、ありのままの彼を受け入れてくれたことが関係しているようだった。
彼は自信を増し、その脳内世界も穏やかになっていった。バンドもやったし、友人もたくさんできた。高校の友人たちは、人気投票でラレさんを秋の恒例学校行事のダンスパーティーで「ホームカミング・キング」に選んでくれたくらいだ。これは、今もラレさんの自慢の歴史だ。こうして彼の発作も減っていった――少なくともラレさんはそう思っているようだった。

自閉症の発症に遺伝が関わっていることはよく知られている。しかし、これこそが自閉症の原因だという単独の遺伝子は見つかっていない。

自閉症遺伝子研究の最新情報をまとめるサイモン財団のウェブサイトによると、二〇一九年二月現在、二万数千あるといわれる人間のゲノムのうち、八六個が自閉症ハイリスク遺伝子として、一〇三六個が自閉症関連遺伝子としてリストされている。とくに後者は、研究が進んでますます増加している。あまりに多くの遺伝子が、複雑系的に関わっているらしいのだ。

しかし生命の特徴は、遺伝子のマップを作っただけではわからない。遺伝自体が決定論とは程遠く、もっと柔軟で動態的なプロセスだ。ある人間の個性が遺伝との関係でどう発現し、環境との相互作用でどう発展するかという自閉症の研究は、生命科学における中核の問題に関わっている。

かつて一九五〇－六〇年代の米国では、自閉症児は「問題のある養育」、とくに母親の養育態度が原因だと批判されてきた。しかし実際には、愛情に満ちた賢明な親のもとにも自閉症児は生まれていた。その後、科学的な研究が進むと、自閉症の発現には遺伝が関わっており、生物学的な神経回路の個性なのだとわかってきた。

とはいえ、神経回路の基本構造はごく早い段階にできあがるが、心はより長いスパンの発達のなかでこそ個性が現れてくるものだ。そして、その個性や障害がどう発達のなかで変化していくのかは、その人の置かれた環境にもよる。つまり、人間の心は一生にわたり自己発展していく。まさに氏も育ちも関係するのだ。

「僕もこの二十数年、いまだに進化途上だよ」

ラレさんはそう言った。

やがてバスは、巨大なスーパーマーケットがあるモールに到着した。スーパーの自動ドアのあたりに「クマよけスプレーあります」というステッカーが貼ってあるのが、いかにもこの土地らしい。

就業開始まで、まだたっぷり一時間はある。律儀なラレさんは、予測不可能の事態で仕事に遅れたりするのが嫌だと思っているようだ。心の平穏を保つために、ラレさんは少々

ラレさん（右）の勤務先を訪ねる著者

の不便を厭《いと》わず、なるべく予測ができない状態に自分を置かないようにしているように見えた。

いかにもアメリカらしい巨大スーパーは、深夜の営業中だがガランとしている。通路はスケートボードができそうなくらいに広く長い。棚には、これまた巨大な量の商品が並んでいる。

ラレさんは「一四番と一七番の通路の棚を担当している」と言った。商品を覚えるときは、彼の視覚優位の記憶力を使う。数字や言葉をそのまま絵や映像として覚えるのは得意なのだ。だから、商品のラベルも名前を覚えるというより、そのまま絵で覚えているようだった。まるでアンディ・ウォーホルが、キャンベルスープ缶のラベルを、その三二種類のスープ名まで、そのままそっくり再現しようとしたように。

ラレさんが私をビックリハウスに案内しながら話してくれたとおり、彼は実生活においても「絵や映像で考える」人なのだった。

ラレさんにとっての「リアル」

ワイオミングで巨大スーパーと簡素なアパートを往復する彼の世界は「リアル」だ。けれども、だからと言ってそれがラレさんにとって「真実の世界」というわけではない。ラレさんが「色彩がない白黒の世界」と呼んでいた職場と現実世界から、翌日、私たちはふたたび彼にとってはカラフルで、リアルよりもリアルだという仮想世界に突入した。

その日、ラレさんがＤＪを務める、アバターたちのダンスパーティーが開催されることになっていた。ラレさんは五台のコンピュータに囲まれた回転安楽椅子に着座する。午後五時、仮想世界でのダンスパーティーが始まった。さまざまなバックグラウンドを持つアバターが、世界中からパーティーに集まってきた。

真っ先に会場に来ていたのは、黒いフォーマルな衣装に身を包んだステハンさんだ。自閉症の子どもを持つ父親で、ヨーロッパから参加している。自称「パラダイスアイランドの女王」の色っぽいアバターも、オーストラリアからやってきた。もちろん、自閉症当

得意のDJでみなを踊らせるラレ

事者自助グループの常連参加者たちも来てくれた。顔なじみのコラもやってきたが、フクロウのアバターなのでうまくダンスができない。思わず、くすっとしてしまう。たくさんのアバターたちが、ラレさんのＤＪに合わせ、思い思いのスタイルで踊り出した。

ラレさんは、この日のために一五分の曲を四つも作曲していた。みなトランス・ミュージックだ。驚いた私が「今日の四曲、全部オリジナルなの？」と確認すると、ラレさんはいつもどおりの言葉で返してきた。

「うん、そうだよ」

トランス・ミュージックは繰り返しが多く、瞑想《めいそう》的な気分へと誘い込むダンス音楽だ。ラレさんは「仮想世界の色彩は音楽によってより美しいものになる」と感じていて、なかでもトランスとかサイキトランスといわれる音楽が大好きなのだった。

　低いドラム音の心地よいリズムと短い低音メロディーの繰り返しが、人々の心を静かに瞑想の淵へと誘い込む。深い波のようで、それでいて母親の心臓の鼓動を胎内で聞いているかのような不思議な音楽だ。ラレさんは、金属音のような人工的な音、高いトーンの音をほとんど使わない。聞いているうちに、意識が光のスパイラルのトンネルのなかを深く深く潜行していくような感じだ。

　一段と高い席で、ラレのアバターがDJをやっている。隣りのお立ち台では、彼の二人の女性アバターが体をくねらせている。私の分身キレミミはといえば、少々派手なダンスを選んで踊っていた。NHK取材班から「先生が一番ノリノリですね」とからかわれるくらいに。私は仮想空間のダンスが好きだ。仮想の身体ではあるが、音楽に同調して踊ると不思議な身体感覚がある。

　彼のビックリハウスを訪ねたときもそうだったが、私はラレの創造性の秘密を聞いてみたくなった。音楽とDJの関係はどうなのだろう。

「ちょっと説明しにくいんだけど、わかるだろう?」

　もちろん、私にはまだピンときていない。

「ただ座って心を他の次元に飛ばすんだ。僕の脳が世界の外に出るんだよ。そうすると見えてくるんだ。音楽も同じだよ。心を別のゾーンに出す。すると、あるメロディーが聞こえてくる。そうしたら、それをコンピュータ・プログラムに落として、そこから発展させるんだ」

自閉症スペクトラムの人々のなかには、感性的なイメージが言語を媒介せず概念化されないまま、自己の中にすっと飛び込んでくるという体験を語る人々が多い。そうした体験を「ただ美しい」としか語らない人もいるが、ラレさんは簡潔な描写とはいえ、その創造の方法に自覚的なことが印象的だった。

自分らしくいるために

五台のコンピュータを駆使して仮想空間のDJをするのは大変だと思う。しかし、リアルの職場ではマルチタスクが苦手だという彼も、その点ではまったく問題がないようだった。やがてパーティーが佳境に差し掛かるころ、ラレさんは忙しくミキサーを調整しながら「すごく平和だ」という言葉を繰り返した。仮想空間のなかで、ラレさんは内心の平穏を見出しているようなのだ。

錯綜した仮想空間でDJをするため、五台のコンピュータとミキサーを操作しながら、どうして平穏を感じられるのだろうか。

「どうして平和だって感じるの？」

ラレさんは考えながら、とつとつと語る。

「えーっと、だってここでは誰も僕を邪魔しないという感じがある。えーっと、みながすごくそれぞれに楽しんでいて、えーっと、僕は僕で自由に呼吸ができる感じがする。そして、ときどきチャットに誰かがちょっとヘンテコなことを書き込んだり、それを読んで僕はちょっとくすっとする。わかるだろう、これは完全なる平穏だよ」

仮想世界こそが、ラレさん本人にとって自然な感覚知覚の強みを活かしながら生きられる世界であることがわかる。彼は「平和」という言葉でそれを説明しようとしたが、仮想空間への没入がラレさんにとって感覚的によりナチュラルな世界なのだろう。そしてこの世界では、ラレさんは「自分にも他人にも」邪魔されるということがない。ラレさんは自分らしくいて自分の世界に集中できる。

ただしそれは、孤立を好むというわけでもない。深夜勤務を好むのは、錯綜する要求に対応したり、騒音で感覚情報の過剰負担になったりしないためだった。セカンドライフでは見知らぬ他者と距離をもって、しかし軽やかにつながっている。仮想空間における他者とのつながりは、ラレさんがラレさんらしくいるのに邪魔にならない。

ラレのトランス音楽はますます瞑想的な雰囲気を高め、低音の繰り返しが静かに満ちてくる潮に乗った波のようにうねりを増している。そういえば、トランスには「いつもとは異なる精神状態」という意味がある。

「ここで長いことこのフレーズをミックスしているのは、みんなにその音楽を自分の中に馴染ませて欲しいからさ。繰り返しということにポイントがあるんじゃないんだ。みんなに親密になってもらいたい。その中に入り込んでもらいたいんだ」

彼にとって、トランスは「逃避」ではない。他者に親密となることと内面への没入を助けるツールなのだった。それは、瞑想やマインドフルネスなどと呼ばれる心のコントロール法、さらにアートの創造力など心の深部へと到達するさまざまな方法と共通する。

ラレさんはつぶやいた。

「ダンスというよりまるで飛翔しているように、みんなに感じてもらいたい」

こうして、一時間あまり続いたアバターたちのダンスパーティーは、盛況のうちにお開きとなった。

丘の上での対話

心と体のストレッチが必要だった。六月のジャクソンはまだ十分に外は明るい。ラレさんは近所に見晴らしのよい丘があるので、ぜひ案内したいと提案してくれていた。でも、

ジャクソン郊外の町を見下ろす丘での対話

私は山登りが苦手だ。

「大丈夫、山というより丘だから」

ラレさんはそう言い張った。もう六時は十分にまわっていたが、まだ外は昼間のように明るい。近所を五分ほど歩くと、丘の登り口に出る。大柄で足の長いラレさんが、私のためにゆっくりした足取りで登っていく。

遠くにはまだ雪を冠する山脈を望み、眼下には緑の中に点々と住宅が見える。小鳥の声があちこちに響く。足元の小道の脇には名もない小さな花々が清澄《せいちょう》な色で咲いている。ここはラレさんのお気に入りスポットだった。心を落ち着かせる場所でもある。

「ここで、いつも頭の中の雑多なことをき

れいさっぱりさせるんだ」

たしかに身体全体が酸素を吸いこみ、爽やかな風で満たされるような場所だ。この丘の上では深い話ができそうな予感がした。

ラレは、NTの人の世界をどう見ているのだろうか。私は尋ねてみた。

「そんなことは考えたこともなかったなあ。この現実世界のこと？　この世界は本当に完全なカオスだよ……政治的なカオスも含めてね」

「それって、あなたにとってカオスということ？　それとも定型の人間にとって？」

「両方、両方にとってだよ！」ラレさんの声に力がこもる。

「職場もそう。でも時としてカオスだともっと感じるのは、たとえばフェイスブックなんかで、警官の銃発砲事件の映像とかを見たときだ」

ちょうどそのころ、カリフォルニアで黒人青年が警官に誤認射殺されるという事件があった。

「ああ、それから二〇一一年に日本で起きたこと（地震や津波）を見ると、本当にカオスだと深く感じてしまうんだ。ああいうニュースを見ると、人々に共感の気持ちが湧いてくる。恐ろしいことだったろう、と」

ラレさんは周りで起こることだけでなく、自分とは直接関係がなく経験したことがないことや、遠くで起きたことまで深く感じ、共鳴してしまう。とくに、ニュースなどでそれを「見る」とそうなるのだ。ラレさんは視覚優位なので、とくに写真や映像で見ると深く反応するのかもしれない。そして現実がカオスだという実感、カオスのなかでさまざまな予測不能な恐ろしいことも起きているという感覚は、ラレさんのビックリハウスにもときどき出てきたテーマだった。青い暗闇の中の迷路を歩くと、急に黒いブロックのようなものが横の壁や床から飛び出して来て行く手を阻む、といった具合に。

しかし、そのカオスのなかでもラレさんが真摯《しんし》に努力していることがある。

「心のなかの平和を保とうと努力すること。それに信仰。この二つが一番大事だ」

ラレさんはカオスの中でも希望を失ってはいない。

瞑想との共通点

私は、ラレさんがデジタルの世界で深い平和を得ているところを見てきた。リアルのラレさんも、優しく平穏な人柄を感じさせる。なかでも私は、彼がデジタル世界でのダンスパーティーの最中に、五台のコンピュータを同時に操りながら、仮想空間での体験を「平和」という言葉で描写したことがいまだ気になっていた。

丘の上での会話は、いつしか彼が見ている美しいものへの没入体験へと移っていた。ラレさんは、心をゾーンの外に飛ばして、そこで見るイメージや降ってくる音を創造の源としていると言っていた。そのとき、何がラレさんの心の映像に映っているのだろうか。

二人で話しこむうちに浮かび上がってきたのは、「体験」(experience)という言葉だった。言葉を超えた直接体験――仮想空間での没入体験は、瞑想体験に似ているのだという。

仮想世界における没入体験でもスピリチュアルな感じを受けているのだろうか。私が尋ねてみると、彼はそうだと言う。

「深いものを直接体験することが大事だ。それは瞑想的だよ」

彼が通っている教会は、体験を重んじる「スピリットフィルド」と言われるタイプのキリスト教会だ。聖霊の働きを直接受け取り、体験することに重点をおく。ラレさんは子どものころは律法を重視する教会に属していたが、まったく自分には合わなかったのだという。深いスピリチュアルな体験を重視するほうが、もともと彼の性向に合っていたようだった。

はるか向こうに屏風のような群峰をおいて、広々した大草原が絨毯《じゅうたん》のように広がっている。その緑の敷物と山影に包まれた大空間には、透きとおる空気が満たされている。暑くもなく寒くもない天気なので、身体に何も負荷がかからない。

あまりに完璧で美しい風景のなかにいるので現実感が薄れ、私たちは仮想世界にいる二人のアバターのようだった。いちおう、現実では定型と非定型、知覚感覚の多数派と少数派だが、私たちは仮想世界ではそういう違いをあまり意識してこなかった気がする。

この丘の上は、ラレさんのリアルと仮想世界とが交わる結節点のように見えた。ニューヨークでの泡立つように騒々しい私の日常も、遠いことのように思える。私は、この場にいることがほとんど小さな奇跡のような気がした。

私たちは丘をくだりながら、瞑想経験を重んじるラレの方法は禅と近いのではないか、という話になった。どちらともなく「これはディープな会話だ」と言い合う。

ラレさんとのワイオミングの丘の上での対話は、私にとって大事な記憶となった。仮想空間で彼の主観世界を訪ねた後、あのゆるやかに暮れなずむ丘の上で、その人特有の心の鼓動と寂しさに触れながら、透明な空気を共有したからだ。

すでに知りたいことは仮想世界でのインタビューや交流で十分に開示されていたので、新たに聞けたことは知識としては多くはなかったが、納得の度合いが違った。それは二人のなかにある違いと共通点の両方を抱擁して、まるでそれらの境界線をすっかり溶かしてくれるような時間だった。

エミリー・ディキンソンの言葉

私は、一九世紀のアメリカの女性詩人エミリー・ディキンソンの言葉を思い起こしていた。次の引用は、彼女の作品 The Brain — is wider than the Sky の一節だ。

> 脳は空より広大だ。なぜって、両者を並べてみるといい。脳に空が入るだろう。いとも簡単に、そしてあなたもその中に。

ディキンソンは、アマーストというマサチューセッツ州の緑濃い小さな村で、隠遁者《いんとんしゃ》のような生活を送った詩人だった。彼女は村の生家から生涯ほとんど出ることなく、珠玉の言葉の数々を発表するあてもない無数の詩稿に留めていた。

ディキンソンは、当時の詩人としては異形だった。女性であることに加えて、その人となり、詩での言葉遣い、賛美歌の韻律を使ったスタイルもそうだ。ディキンソンの非定型インテリジェンスは、世間の価値観に影響されず、内なる生命力と斬新な言葉で情熱ある詩を誕生させる力になった。

ディキンソンの没後、その詩集を編集したトーマス・ヒギンソンという人物がいる。彼は、ディキンソンと風変わりな書簡を交換するようになり、彼女の詩のメンターのようになった。ヒギンソンは、初めて彼女の生家を訪ねたときのことを、雑誌「アトランティック」に寄稿したエッセイで回想している（一八九一年）。

その記述によれば、ディキンソンは尼僧のような風貌で「二本のキスゲの花を手に私の元にやってきて無邪気に私に手わたし」「これが自己紹介です」「知らない人に会ったことがないのです」と言った。その後、今度は相手にかまわず話し続けたという。コミュニケーションの方法が尋常ではない。清教徒の家に生まれた彼女はスピリチュアルであったが、自分の魂の声に忠実に神に近づこうとしたともいわれる。

その生涯は、宮沢賢治を思い起こさせる。生真面目な賢治は、自身を「法華経の行者」と見なすなど深く宗教的で、かつ孤独であり、異形の農村詩人であったからだ。

ディキンソンの存命当時、「アスペルガー」や「自閉症」などというボキャブラリーはなかったが、彼女自身は自分の「脳」に自覚的で、生まれつき人とは違うことを自覚していた。ディキンソンの詩の直筆草稿を検索できるデジタル・アーカイブで「脳」（brain）という単語を検索してみると、二一もヒットした。今になれば彼女の言葉遣いは新しいものに見え、米国のフェミニスト詩人のパイオニアとして敬愛されている。

そもそも仮想空間は、デジタルの世界とともに生じたわけではない。先に引用したディキンソンの一節も、脳の想像力、仮想の力を描いた言葉として実に美しい。詩は脳の産みだした仮想空間そのものだ。ディキンソンには直接体験に根ざした非定型の精神の匂いがたしかにあり、それはワイオミングの自然のなかで敬虔に生きるラレさんとも共通する。ラレさんのビックリハウスは、彼の脳の内部地図だった。ラレさんは、そのなかに私を招き入れてくれた。まさにディキンソンの詩の「そしてあなたも、その中に」というわけだ。それは私にとって特別な体験だった。

リアルと仮想空間を往還する生き方

ビックリハウスを訪ねた後、私は現実のラレさんと会うこととなったが、アバターとしてのみ知っていたときの彼と違うという気持ちはまったく起こらなかった。

アバターとしてビックリハウスを案内してくれたときも、ジャクソンで同じ景色を見ているときも、ラレさんはゆっくり話す。こちらの質問に対しては、誠実に、そして必要最小限の描写で返ってくる。丘の上には、とても優しいいつものラレさんがいた。

ただしそれは、現実のラレさんと彼のアバターが似ているということではない。仮想世界の分身もまた、彼の真実の一部であるということだ。スーパーで働くラレさんも、丘に立つラレさんも、一つの分身であると考えたらどうだろうか。

現実世界に生きる人々は、瞬間瞬間でさまざまな分身を無意識に使いわけている。そのときに置かれた環境や社会的関係、役割に触発され、自分のなかの分身がまるで湧き出ずるように出てくる。

仮想世界におけるラレの分身は、彼のなかのもっとも自由な部分、もっとも豊かなメンタルライフを代表しているのだろう。仮想世界という環境が、彼の非定型の認知特性にマッチし、彼のもっとも豊饒な部分の表出を可能にしたのだ。もしそうであるならば、彼のアバターの世界は彼自身のなかにもともと存在するものであり、仮想と現実を単純に二分する必要がどうしてあるのだろうか。

私がラレさんと出会ってもっとも印象深かったのは、彼がリアルと仮想空間の分身のあいだを往還しながら、そのどちらも捨てず、それぞれの世界での可能性を誠実に伸ばそうとしている点だった。

それは、大変な努力と勇気を要することだ。ある非定型インテリジェンスの当事者によれば、美しいインスピレーションに満ちた自閉的世界に没入すると、帰ってこられなくなるかもしれないと空恐ろしくなるのだという。とはいえ、仕事や現実生活、つまり神経構造多数派のやり方に一生懸命合わせているだけだと、本来の自閉症的感覚を忘れてきて生命の源が枯れ果ててしまい、体にも無理がくるのだという。

ラレさんは、その二つのモードの往還を厭わない。地味な仕事を規則正しく続けながらも、仮想世界に深く没入して創造的に生きることは、勇気がいることなのだ。

自閉圏の人々の心は、現実生活においてさまざまな不適応や障害に悩んでいるかもしれないが、その奥では豊饒な精神世界の営みが広がっている可能性がある。ラレさんは明らかにそういうタイプだ。

「症状」の視点で人は理解できない

自閉症スペクトラムのさまざまな症状や障害に対して、社会的に理解を深めていくことは大切だ。その意味で、ここ最近、発達障害への関心が高まってきたことはとてもいいことだと思う。しかし、いかに善意からであっても、その「症状」の視点からのみで、その「人」を理解することはできない。なぜならば、なにが「症状」であるかを決めているのは、多数派の視点だからだ。

今の診断基準では、自閉症の主要な症状は「社会的なコミュニケーションの障害」とされている。なにが「症状」で、なにがノーマルなコミュニケーションであるかは、その地域や社会の文化によって恣意的《しいてき》に決まる。だが、一度その基準を外してその人自身に焦点をあてると、自閉圏の人々の心の奥には、その人ならではの個性的な心のあり方、認知の特性が広がっている。まさに、脳は空より広大なのだ。

そして、多数派の人々がまったく定型的でない人々の感じ方とその深さを知ることは、自身の脳の働きに自覚的になるという点でも重要だろう。

つまり非定型インテリジェンスは、定型人にとって自己を知るための鏡でもあるのだ。アリスの「鏡の国」というメタファーは二重の意味で深い。「あべこべの鏡の世界」という意味と「自分を映す鏡」という意味があるからだ。鏡の中に思い切って入ってみると、誰のなかにも少しはある非定型の要素を、愛おしく感じるようになるかもしれない。

ラレさんは、私にそんなことを教えてくれた。彼の不思議な世界を歩くと、定型的知覚を持つ私は「つくづく凡人だ」と思わされる。

第3章

自閉症こそが私の個性

――コラさんの場合

言語能力の高い自閉症当事者

黄昏どきの仮想世界で、一羽の大きなフクロウのアバターが舞い降りてきて、自閉症自助グループの例会が開かれる集会所の塀にふわりととまった。グループ長年の常連参加者のひとり、コラだ。フクロウは墨絵が滲《にじ》んだような灰色の羽とフワフワの白い綿毛をまとい、大きな目をくりくりと見張っている。

私がアバターのキレミミとして出会ったコラは、分析的な意見を開陳する、とても言語の発達した知的なアバターだった。だから「森の賢者」ともいわれるフクロウは、本人が意図したかはわからないが、ぴったりのアバターのように見えた。

最近この自助グループに参加するようになった自閉症当事者のアバターが、その日の例会で、自閉症といっても高機能で言語が発達しているコラに、こんな質問をした。

「それでは、あなたはきっとリアルでも自閉症っぽく見えないんでしょうね」

すると、コラは次のように返した。

「いいえ。かえって昔より意識的に自閉症的に振る舞うこともあるわ。たとえば、自分を落ち着かせる繰り返しの身体動作（常同行動の一つ。身体を繰り返しゆする、手をひらひらさせるなど、人によって違う）をするのは、みっともないからいけないと言われているけれど、それも遠慮せずにやってみたりするの。それが自分にとって自然ならいいんじゃない

フクロウのコラ（左）とラレ。著者の仮想空間の拠点「ラ・サクラ」にて

の」

このようにコラは、自閉症スペクトラムはたんなる障害なのではなく、個性そのものであり、世間の枠組みに自分を無理にはめこむ必要はない、という考え方を機会があるごとに強調していた。

コラが私にとって印象的なのは、言語を操る力が強いことだった。本人に言わせると視覚も聴覚も強いそうなのだが、なんといっても語彙《ごい》ゆたかに、しかも論理的に、言葉をまるでマシンガンのように正確に使うことができるコラの能力は特筆に値した。そういう意味で、コラは寡黙で視覚優位だったラレさんとは認知特性が違い、言語と論理に強さをみせる非定型インテリジェンスの形を教えてくれる。

また、コラのちょっと挑発的な言葉の裏か

ら、自閉圏の人々が「感じ方のマイノリティ」として社会に向き合う困難さが次第に透けて見えることになった。

一般的に、学校教育は言語中心であり、論理的知能も重視される。いわゆる知能検査もそのようにできているし、米国では大学入学試験の共通一次試験にあたるSATも一種の知能検査で、言語能力と数学力の得点を合計する。したがって、言語に強い人は自閉的な傾向性があっても、学校では「できる」とか「高知能」と言われることが多い。実際、コラは学校でも成績がよく、高知能とされていたという。

そんな高知能のコラが、なぜあえて自閉症的に振る舞い、わざわざ異質の感じを与える身体動作を繰り返してもよいと言うのだろうか。

「社会が望む私」に対する違和感

コラは、初めから言葉で自分を語る人、論理的に異議申し立てをする人として私の前に立ち現れた。仮想空間では、自閉症スペクトラムの当事者として、ニューロ・ダイバーシティの先鋭な考え方を自らの体験に根ざした言葉で語ることが多い。

コラは女性のアスペルガーであり、四年制の大学を卒業しているという。米国で四年制の大学をきちんと卒業するのは、健常者でもそんなに簡単なことではない。そうした高い教育程度と言語能力も影響しているのかもしれないが、コラは米国での自閉症当事者のアイデンティティ運動、とくにさまざまな当事者ブログや YouTube などにも細かく注意を払っていた。

彼女のチャットは、いつもどこかきっぱりとしていて、正論を堂々主張する。だから、ここでもなるべく彼女に自分自身の言葉で語ってもらおう。

「私がアスペルガーと診断されたのは二九歳のとき。とても遅いほうね。診断されたのは、ポジティブな経験だったと思う。ずっとアスペルガーではないかと自分でも疑っていたし。もしもっと早く子どものころに診断されていたとしたら、それなりに自己理解が進むとか、いいこともあったかもしれないけれど、否応なくセラピープログラムに入れられて、社会の規律に従順な大人になるため、強制的に自分を変えさせられたのではないかしら。社会や他人が望む自分に無理やりさせられたでしょうね」

ある日の自助グループのミーティングでは、コラは次のように語った。

「ねえ、ヘンテコな行動をすることってある?——というような質問、よく聞かれることとがあるわよね。これってすごくいろんな意味を含んだ質問よね。でも私は、ヘンテコな行動ってNTたちのほうが、自閉症の人より多いと思っている」

ここでコラは、神経構造が定型の多数派がよしとする世界観や行動規範を、非定型の人々がそのまま受け入れて内面化し、適応するという一方通行のやりかたの不自然さを、自助グループのメンバーに思い起こさせようとしているのだ。

彼女は、定型者が作り上げた社会の決まりやコミュニケーションのルールのなかで生きざるをえない、マイノリティとしての非定型の立場に敏感だ。そんなときのコラは、まるで古代ローマの女神ミネルヴァの使者、知恵の象徴のフクロウのようだ。逆説を使いながら賢い言葉を吐く。

コラの思考は、彼女が現実空間で通うクリニックの受付で起きたちょっとしたいざこざから我を忘れそうになったときなど、日々の暮らしのなかで否応なく突きつけられるコミュニケーション上の問題に触発されている。それを語るとき、コラは一般論から論理的に語り始め、それから自分の経験を語ることが多い。具体的な難題と格闘するなかで生まれた、彼女なりの実践的哲学と言ってもいいかもしれない。

行動の「外見」だけを矯正する無意味さ

コラはとくに、一九七〇年代以来、自閉症の子どもへの療育方法として大きなトレンドになっている、応用行動分析（ＡＢＡ）を使った一部の発達障害へのセラピーには強い批判意識をもっている。小さな子どもに無理な行動やしつけを押し付けて、心と身体を捻《ね》じ曲げる場合があると考えているのだ。

「まるで子どもを実験用のマウスに行動を教えるみたいに扱って、どうかと思うのよ」

コラがそう語ると、司会役のアリエールも次のように応じる。

「それほど強引でない一部のＡＢＡセラピーは、行動の矯正や社会的スキルの獲得に役立つ場合もあるとは思う。けれども、その過程や考え方の根本に問題があるのはたしかね」

コラもその意見に賛成する。ＡＢＡにはさまざまなやり方があり、セラピスト個人によっても随分と違う。だから、グループ参加者の考え方にも温度差があった。しかしコラによると、ＡＢＡが米国では保険がきくセラピーのため、いろいろなセラピストがＡＢＡを名乗るようになっているのでわかりにくいのだという。

しかし、ある自閉症アバターに言わせれば、「ある人に役立つセラピーが、他の人にはひどい結果をもたらすという場合もあるでしょう。それを画一の枠にはめるのは問題だよ」。

とくに幼児だと声をあげることができない。アリエールは言う。

「子ども本人にとって危険な行動をしないようにすることだけは、きちんと教える必要がある。でも、それにしてもその方法は効果的であるとともに、「人道的」であるべきよね」

コラが続ける。

「もちろんセラピストたちのなかには、子どもの尊厳を大事にした方法をとる人たちもたくさんいるわ。ただ、それでも自閉症の子どもを自閉症でないように見えること、つまり外見の矯正を一番の目標にするというのは、どうかと思うの。たとえば、視線を合わせること、静かにきちんと座ること、常同動作は無害でも絶対やめること、失敗したら必ずそれを直させること、一週間に四〇時間のプログラムを幼児のうちから受けさせること、といった調子のやり方はどうかと思う」

コラがとくに反発するのは、当事者の行動の「外見」だけを強制的に矯正し、一週間に四〇時間といった集中的に行う場合のようだった。

「そこにわが子の自閉症をなんとしても矯正するって懸命なウォーリア・ママ（使命に燃えた戦士のような厳しい母親）が加わると。ああ、もう無理――」

当事者アバターの一人が、ため息のような声をあげた。

「アイ・アム・オーティスティック」の思想

コラの主張の根底にある思想を、彼女の言葉を使って端的に述べると「私は自閉症だ（I am autistic）、私の中の一部が自閉症なのではない、自閉症は私そのものだから」ということに尽きる。

この「アイ・アム・オーティスティック」という言い方は、自閉症当事者が自分たちをどう呼ぶかというだけでなく、自閉症の人を社会でどう呼ぶべきかという問題にもつながっている。コラのようにI am autisticとかautistic peopleという言い方が、政治的に正しい言い方だと考える人が、米国の自閉圏の人々の間では多くなっているのだ。日本ではコラのような主張はまだ一部かもしれないが、米国では程度の違いはあるにしろ、当事者の間ではかなり広がっている。

かつては「パーソン・ファースト」、つまりpersonとかpeopleという言葉のあとに、自閉症（autism）を持つという意味のwith autismという言葉をつける言い方が望ましいとされていた。たとえば、自閉症当事者で動物行動学者のテンプル・グランディンは、「私」のすべてを自閉症では説明ができないからと、今でもパーソン・ファーストを支持している。

パーソン・ファーストの言い方は、普通の病気の場合、つまりたまたま体のどこかに病気を持っている場合はあまり問題がない。しかし、脳の発達過程で獲得した神経構造全体にかかわり、物の見方や感じ方すべてに関係するとされる自閉症のような場合、自己と切り離すことが難しい。つまり、発達障害は「発達個性」でもあるから、自分が自閉症を持っているというパーソン・ファーストの表現は正しくない、と考える当事者が最近は多くなっているのだ。

なぜならば、パーソン・ファーストの表現からは「自閉症」をまるで癌《がん》のように治療し、取り除くべきという見方につながるからだ。だが、自閉症的な感じ方やものの見方は、身体や情緒のなかに深く浸透して「自己」を形成しているので、一部だけを社会の多数派に合わせることは、自分が自分でなくなってしまうようで嫌だ、と考える当事者の人が少なくない。

このautisticという言い方は、日本語にすると「自閉症的」という形容詞になるが、それよりも深い意味がある。自閉症的存在はそのままでも敬意を払われるべきだという、自閉症アイデンティティ運動の先鋭な考え方を反映しているのだ。コラはこうした当事者運動の考え方に精通していた。

ちなみに、これまで私は「自閉圏の人」という言い方を使ってきた。「自閉症的な人」という言い方が、日本語では少し違った意味に聞こえるからだ。autisticという意味とスペクトラムというニュアンスを「圏」という言葉に込めている。

認知特性が発達する順番

これは英語の話なので、「なんで呼称にこだわるのか」とピンとこない向きもあるかもしれない。

けれども、たとえばワイオミングのラレさんを思い出してほしい。彼の視覚優位の認知のあり方や、心をゾーンの外に飛ばして、視覚化（ヴィジュアリゼーション）を通じて創造のインスピレーションを得るやり方が自閉症的だとすれば、彼にとってもっとも豊かな自分らしい精神生活は、そのまま自閉圏の認知特性に包摂されていると言える。だから、そこからどこかだけ切り取ることは難しいし、ありえない。そのことは、なんとなく想像できるのではないだろうか。認知特性は常に進化し変化するけれども、自閉的特性はその人の生をつらぬく芯のようなものでもあるからだ。

また、一般的に「認知特性」といっても、たんに思考や論理にかかわる高度な認知特性だけではなく、その基礎には身体知に根ざした感覚的なくせや得意なことが横たわっている。神経細胞がもっとも発達するのは、胎児《たいじ》のあいだだ。いわゆる視覚、聴覚、触覚、嗅覚、味覚、それに身体感覚であるバランス感覚や内臓感覚などの身体知に根ざした感覚知覚は、赤ちゃんや幼児のころにどんどん発達し、その子らしい感じ方、個性が成長していく。そのうえに、より複雑で高度な認知の特性が発達する。

この発達の順番は大切だ。自閉症は生物的な発達の過程で生じる。つまり、感覚や知覚の基礎的な発達の過程自体が、その子の感性や認知の特性に影響していて、その人の個性自体を下支えしているということをも意味する。昔の人はそれを「三つ子の魂百まで」と直感していたが、定型にしても非定型にしても、インテリジェンスの特性は発達初期の基礎のうえにさまざまな経験を重ね、生活のなかで伸びていくものだ。

もちろん人の個性は一生にわたり成長し、変化していくが、その重要な部分、とくに身体知に根ざした感覚的な部分は、早い時期にある程度特性が決まっている。だいたいのスポーツやクラシック音楽、あるいは数学や囲碁や将棋などの分野で、子どものときは大の苦手だったのに、大人になってから急にうまくなって一流になるというのはまずありえない。

「自閉症は個性」という考え方も、自閉症当事者の権利や尊厳を重視する運動のロジックというだけではなく、こうした発達過程の順番への理解に根ざしているのだ。

「個性」としての自閉症

自閉症を外から来た感染症のように捉え、それを除去し「治癒する」という考え方に対して、米国の当事者から拒否反応が出るようになったのは、一九九〇年代からのことだった。

当時、ある会議でジム・シンクレアという若い当事者が「私たちのために嘆《なげ》かないで」

と題された親たちへのメッセージを発表したのだ。シンクレアは親たちにむかって「自閉症さえ直せば、そのなかに普通の子どもが隠れていると思わないで」と呼びかけ、「自閉症はその人のあり方自体であり、そのすべてにかかわるものなんだから」と訴えた。これが大きな話題を呼んだ。

米国では、自閉症スペクトラムの子を持つ親たちの団体は、大きな組織と財政的基盤をもち、自閉症への関心と研究を広く社会に訴える力となってきた。しかし、そのなかで自閉症のわが子をなんとか「治癒」したいと熱望する親たちと、自閉症を「アイデンティティ」と捉える当事者本人たちとの立場の違いが、次第に明らかになってきたのだ。

シンクレアは利発な子どもだった。当時の医学界の定義では、自閉症と診断されるには利発すぎて、言葉が発達しすぎていた。そのため、彼が手をひらひらさせたりすると、医師やセラピストに「自閉症の真似をするな」と再三怒られたという。このころの自閉症の定義は、今よりずっと狭く限定されていたのだ。

この三〇年ほど、米国ではさまざまなマイノリティがたんに多数派に対して同等の権利を主張するだけではなく、ありのままの尊厳を求める政治運動が巻き起こった。たとえばさまざまなエスニック・グループや性的マイノリティの人々が、多数派に統合・吸収されるのではなく、それぞれに独自の文化や価値を保持したまま、誇りをもって尊敬されるべきだと考えた。

その大きな政治的潮流のなかで、自閉症当事者がありのままに個性とリスペクトを求めるというのは、いつかは出てくる主張だったと言えよう。やがて、自閉症的な感じ方や見方は生物的に違う認知構造でありマイノリティだけれど、それは人々の人格すべてにかかわる個性でもあるから、パーソン・ファーストの言い方はおかしい、という意見が出てくる。だから「アイ・アム・オーティスティック」と高らかに言うことになるのだ。

科学者たちも、遅ればせながらそれに呼応し始めた。ヨーロッパの認知心理学の分野で自閉症研究をリードしてきたフランチェスカ・ハッペは、一九九九年、「自閉症は認知の障害か認知のスタイルか？」という挑戦的なタイトルの論文で、いままでの自閉症研究が自閉症の認知の「欠陥」にだけ光を当て、その認知スタイルの「強み」に焦点を当ててこなかった、と批判した。これは純粋に科学的な観点からの主張だが、いままでの「病態」を研究するという医学モデルとは違った立場から、自閉症を非定型インテリジェンスとして総体から捉えようという動きがようやく出てきたと言える。

ちなみに、ニューロ・ダイバーシティの主張、つまり「自閉症スペクトラムはそれ自体が個性なのだ」という考え方は、仮想空間の自助グループのアバター参加者たちの間では、ほとんど共通する心性であり前提だ。つまり、多くの人が「自閉症スペクトラムの人はどこか劣った存在である」という考えや、医療やセラピーによる「治癒」を究極のゴールとすることに深く反発している。自閉症的な認知特性は、「自分が自分である」というアイデンティティの感覚に深く根ざしているからだ。

そうした視点を前提としたうえで、その考えを高らかに主張するコラのような人と、それでも多数派のなかで生きなければならないのは現実で仕方がないとして、無理のない「適応」の方法の追求に興味の中心がある大部分の「穏健」なアバターたちとがいる。だが、その考え方の違いは実はそれほど大きいわけではない。

「言葉の遅れ」と発達障害

コラは言う。

「私は子どものころから知能が高かったし、言葉の発達もとても早かったわ。私の家族が言うには、私は生後四か月くらいでなにか話し出し、六か月くらいで少なくとも一歳児程度にはしゃべれたって言うの。単語を単発するだけでなく、ちゃんと文で話したって。家族の記憶を信じれば、の話だけれど」

話を半分にしても、彼女の言語能力の発達はとても早かったのだろう。子どものころ診断されなかったのも、おそらくコラの両親も賢い子どもだと考え、あまり他の問題に気がつかなかったのかもしれない。

幼児の発達障害というと、まず言語の遅れがその兆候として語られる。アインシュタインのような非定型インテリジェンスの典型のような天才は、言葉を話し始めたのがとても遅かったと言われるし、大変に知能が高いアスペルガーの人でも、言葉を話し始めるのが遅かったというケースは数多い。いまでは古典的なカテゴリーの自閉症と言われることもあるが、言葉を話さず、まったく内にこもったように見えるケースもある。

そうかと思うと、子どもがなかなか話し始めないので親が気を揉《も》んでいたら、話し始めると赤ちゃん言葉ではなくいきなり文で話したとか、後から考えると話し始める前から言葉をちゃんとわかっていた気がする、などと語る親もいる。文字は読めるのにほとんど発話しないので、親も教師も本人が言葉を理解していることに気がつかなかったというケースもある。

その一方で、言語優位のコラのように、話し始めるのがとても早い場合もある。コラは何しろ言葉が発達しているので、学校の勉強には向いた認知特性だったらしく、学齢期になっても勉強がよくできた。

「小学校でも、アートとか歴史とか、自分の好きなテーマを深く調べて発表するようなクリエイティブな授業は好きだったし、よくできたの。たとえばエリザベス女王一世のことを調べる、とか。でも、ただ知能が高いっていっても、私の頭の一部はいいけれど他の部分の発達はきっと遅れていてアンバランスだったのね。そのせいか、すごくいじめられたわ。ウサギの皮を被った狼みたいなクラスの男の子連中にね」

「高機能」は自閉症を代表できないのか？

コラは言う。

「だいたいIQ（知能指数）が高いと誤解される。IQが高いからといって、より社会に適合できるわけではないんだけれど。世間の人はそのあたりがわからないわ。

NTの人々が私たちのことを無視する場合、高機能自閉症の人には「あなたはコミュニケーション能力の低い自閉症の人々を含む、自閉症全体を代表して話すことはできない」と言う。それが低機能の自閉症の人に対する場合だったら、はなから真面目に彼らの経験や考えをきちんと知ろうともしないくせに。これでは、自閉症スペクトラム当事者は誰も自閉症を代表して意見が言えない」

実際日本でも、たとえば自治体などが障害者政策を策定するにあたって、一般の身体的障害の場合には、委員会に代表として当事者を招いて意見を聞いたりするが、自閉症スペクトラムの当事者の代表を招いたという話はあまり聞かない。

「だから、自閉症を機能レベルで「高機能」とか「低機能」とか分断するやり方は、ほとんど失礼と思うのよ。まあ、自閉症にいろんな種類があるというより、われわれひとりひとりが誰であるか、そしていかにあるか、という個別の違いがあるだけよ」

たしかに、自閉症スペクトラムの人々を、その人の社会的適応や機能の度合いで分断するような言説が巷にはあふれている。米国でもひと昔前は、言葉が発達している自閉症児を持つ親は、自閉症児の親の会合で居心地の悪い思いをしたそうだ。「あなたの娘さんが言葉をそんなに話せるなら、自閉症ではないわ。なにか他の問題ね」と言われたものだという。

コラも次のように語っている。

「だいたいの人は、私のことを「ああ、高機能だね」と言う。でもそれは、私がしょっちゅう声が出なくなって、発話不能になってしまうことをまったく考えに入れていないわけ。私が生活のなかでなんとか自分のことは自分でやり、ペットの面倒を見る程度のことをするために、どれほど神経をすり減らし、細かくチェックリストやアラームを使って努力しているかが見えていないわけよね」

一方で、言語を理解しない「低機能」自閉症スペクトラム障害と思われていた人が、実は内面に深い個性的感覚や考え方をもつことが、なにかのきっかけでわかる例も多い。

前著『ハイパーワールド』では、セカンドライフに出入りしていたこともあるアマンダという人を紹介した。普段ほとんど言葉を話さない彼女は、知能に問題がある低機能自閉症の人で、介護の必要があると思われていた。ところが彼女は、びっくりするようなビデオをYouTubeにあげ、マスコミでも注目された。自閉症の当事者にとって自然な言語とは普通の言葉以外にもある、ということを映像で主張したのだ。

この映像のなかで、アマンダは手をひらひらさせてハミングのような唸り音を出しながら、周りのものをカタカタさせ、うっとりとその音に共鳴している自分の様子を延々と見せた。彼女は蛇口から流れる水に手を晒して、その音と感触にもうっとりする。いかにも古典的な「低機能」自閉症のように見える。

しかし、ビデオの途中で突然「トランスレーション」（翻訳）という文字が静かに現れ、彼女がタイプした文字を、若い女性の自動音声で発話した声が聞こえる。実は彼女は、書き言葉でならすごい勢いでタイプを打つことができて、自分の考えを述べられるのだ。そして、彼女の一見ヘンテコな身体動作やものとの共鳴が、彼女が環境と対話する「自然言語」だと主張するのだ。

その逆に、明らかに知能が高く、言葉も自在に操れたり、数字に強かったりする「高機能」ならば、社会で「高適応」であるとは限らない。そういう人は、周りの人からも社会からも高いレベルの適応を期待されて、かえって現実の生活ではとても苦しんでいる場合も多い。

コラは、それに当たるように思われた。

自分が制御できなくなる瞬間

仮想空間のチャットでは語彙が豊富で、しかも論理的に会話を進めるなど、見事に言葉を操るコラは、その一方で会話や言葉にこそ彼女の障害が現れ、苦しむことが多い。彼女の場合、パニック発作に見舞われたとき、とくにそれが起きてしまうことがある。

パニック発作といっても、その程度や原因はさまざまだ。彼女の場合、最近は自閉症的な症状に加えて、偏頭痛や疲労感などの神経症的な症状もあるので、原因の特定は難しいという。

しかし彼女の自己分析によると、発作が起きる原因には大きく分けて二つのタイプがあるという。まずは、社会的な交流の最中に感情的な負荷がかかりすぎてしまう場合。もう一つは、インプットされる感覚情報が過剰になり、そのために情報を処理しきれず感覚飽和になってしまい、自分のコントロールが不可能になってしまう場合だ。もちろん多くの場合、この両方が同時に起きる。

「自分が腹を立てたり、具合が悪くなったり、疲れたりしたとき、自分でも何を言っているかわからないようなことをしゃべり立ててしまう。そんなとき、口をひねり上げてでも自分でしゃべるのを止める方法があれば、と思うの。ちゃんとものを感じ、自分を完全に失っているわけではないのに、望んでいない言葉が口から溢れ出てきてしまう」

自分が制御できなくなると、意図せずしゃべり立ててしまうようだ。周囲の状況はわかっていても、まるで映画のなかにでもいるようにリアル感がなくなり、しゃべる内容がコントロールできなくなってくるという。

また、周囲の家族や友人・同僚、支援にあたる人が、パニックになった当事者の言動が急に攻撃的になったように感じられ、傷ついてしまうこともある。本人はパニックで慌てて我を忘れているだけのことも多いのだが、その矛先がたまたま周りにいた人に向かってしまうからだ。

「でも、時には反対にね、私の声は古いラジオの声が途切れてしまうみたいに消えてしまうのよ。そういうときは、声を使うこと自体が身体にとてもよくない」

つまりパニックになるといっても、自分を抑えきれないくらい独善的におしゃべりになったりすることもあれば、反対に発話自体が困難になる場合があるのだ。自分の感覚や身体のコントロールが不可能になるという点ではまったく同じなのだが、定型の人には

「しゃべりすぎ」と「発話困難」では正反対の症状に見えるので、それだけでも周りの人を戸惑わせてしまう。

テクノロジーの力でパニックを予防する

お互いのために、パニックが予防できればそれに越したことはない。だが、感覚情報の過剰負担のように、いつどんな原因で襲ってくるかわからないパニックを予防するには、どうしたらよいだろうか。

ある日の自助グループの会合では、自分を抑えることができないときにどうしたらいいか、アバターたちが話し合っていた。コラは、相手と感情的な摩擦が起きてエモーショナルな負荷が高まったときは、できればその場をうまくはなれてしまうという。ただし、この「うまく」というのが楽ではない。だから彼女は、普段からデジタルの文字入力を活用する。

「情報やエモーション（感情）の過剰負担になって、自閉症的な症状がきつくなってきたとき、文字入力で自動的に音声を発するプログラムを使うとか、メールやセカンドライフのようなツールを使うと、コミュニケーションがずっと楽になるし、その質も向上するわ。テキストを入力してコミュニケーションする方法にマイナス点もあるけれど、私に関しては、感覚情報の過剰負担を減らすのでメリットのほうが大きいわ」

たしかに彼女本人にとってはそうだろう。しかし、普段はしゃべっているだけに、発話が困難になったときだけ急に文字入力による自動発話を利用すると、周りの人々が理解してくれない。

「問題なのは、私の家族、とくに父親とかリアルの友人たちは、私が文字入力の自動音声発話システムを使うことに抵抗があること。けれども、システムを使うときはたんに相手とコミュニケーションを取ろうとしているのではなくて、自分にいっぱいいっぱいの負荷状態になっているときで、自分のコントロールを守ろうとしているんだけど、それがなかなかわかってもらえないの」

というのも、「普通」の社交的交流の場では、定型の人は他人とある文脈を相互に了解しているものだ。「文脈」というと言葉がわかりにくければ、シナリオとかストーリーと言ったらいいだろうか。

テレビドラマでたとえて言うと、大体の人は、テレビ番組のドラマを途中から観ることをあまり好まないだろう。ただし、好きな連続ドラマを見逃しそうになって途中から観るとき、それぞれの登場人物の役割やこれまでの大まかな筋書きもわかっているから、たまたま見始めた部分の前後の流れを推測することができる。これは、連続ドラマの「文脈」

がわかっているからと言える。もしその文脈がわからないと、セリフの意味ひとつひとつがわかったとしても、ドラマを楽しむことはできない。

つまり、文脈を理解することとは、瞬間と瞬間の間につながりをつけ、相手の時間と自分の時間の文脈も瞬時に、そしてほとんど無意識のうちに判断することだ。だから、他者の行動を予測することに問題がある自閉症当事者は、こうした臨機応変の社交場でのやり取りは、コミュニケーションのサーカスみたいな作業を強いられることになる。

コラにとっても臨機対応は難しい。だから時には、話の内容がすべて聞こえているのに、まるでテレビドラマを途中から観たようになってしまう。自閉症アバターたちの間に、話すことよりチャットを好む人が多いのも、読み返したりして文脈や相手の反応を確かめながら、自分の反応を決めていくことができるからだ。

その逆に、コラが日常生活の会話のなかで、突然文字入力による音声発話システムを使うと、定型の人のほうが文脈を読めなくなり、不安になってしまう。定型者は、言葉そのものだけでなく、話し方や表情で話者の本当の意思を探るという、コミュニケーションの癖がついているからだ。

「社会の期待」と「自身の健康」のはざまで

「私だって、手をひらひらさせたりする身体表現とか、自分らしく（自閉症的に）生きるということに、慎重にならざるをえないこともあるわ」

ある日、コラは正直にうちあけた。日常生活のなかで、いつも自閉症当事者アクティビストとして行動するわけにもいかないのだ。それに、コラも周りの人が望むことに同調しないことのマイナス点、それが自分にとって不利になることを気がついていないわけではない。

たとえばコラは、相手の表情やジェスチャーから、話し相手が話に退屈しているのかどうかを読み取るのが難しい。さまざまな感覚知覚が「定型」ではないので、多数派との相互交流の場で臨機に対応できないことは、やはり社会生活には不利だ。

「『社会が求める方向』と『自分にとっていいこと』や『セルフケアとしていいこと』との間にギャップがあるのね。それなのに、みんながやることだからと思ってつい頑張ってしまって、結局自分の健康を蝕《むしば》むまでになってしまうのよ」

自閉症スペクトラムの人が、社交や仕事の上で普通に見えるように振舞えたり、できなかったことができるようになったりすると、多数派の定型者はそれを「成長」だとポジティブに捉えるかもしれない。しかしコラは、結局その頑張りの裏で無理をしてしまい、自分の健康を損なう場合もあると感じているのだ。

「私はもう何年も「自分のなかに不安がある」と認めることを拒否してきたんだと思う。でも、ついにパニック発作になって、自分のなかに不安があると認めなくてはならなくなったの」

これはコラだけの問題ではなかった。いつも見事な司会をするアリエールが、すっと会話に入ってきた。

「そんなとき、自分の不安感が積み上がってきてしまわないうちに、それに気がついてなんとか早期に対処する、なんてこともやっているの?」

コラが返答する。

「いろいろやってみているわ。繰り返しの身体動作とか、感覚情報の量を調整するとか、ああ、それから最近絵を描いてみたり。それから、私がどう感じているかを正確に人に説明することをやめてみたり。それって、結構な負荷になるでしょう」

自分の感覚に正直にしたほうが、結局自分の健康にもいい、とコラは思っているようだった。

リアル社会のコラを訪ねる

コラは、俳句などに代表される静かな感じの日本の文化が好きだとよく言っていて、私の仮想空間の拠点にもときどき顔を出してくれた。私とコラは、そこで話し込むうちに親しくなった。彼女は自助グループではよく先鋭な言葉を連発しているけれど、静かなものに憧れる気持ちも強いようだった。

実際のところ、コラはどんな人なのだろうか。仮想空間でよく話し、長年の付き合いから十分知っているつもりではいたが、彼女とは話しきっていないような満ち足りなさがうっすらと残っていた。仮想空間の自助グループで話すコラの話の焦点が、彼女と定型的世間の関係性である以上、リアルの彼女が現実世界でどのように生きているのかがわからないと、完全にはその満ち足りなさは埋められないような気がした。

よし、コラを訪ねてみようと思いいたった。

コラはアーカンソー州の州都リトルロックに住んでいた。NHKの取材班とともに行きたいとお願いすると、なんと「この日なら夫もいるけど、キレミミに会わせたい」と言ってくれて、夫のトムさんも同席してくれることになった。

アーカンソー州は、アメリカ東海岸を中心とする私の活動地域からは遠く離れた地帯で、かつてまだ青年政治家だったビル・クリントンが州知事を務め、ヒラリー・クリントンが若き州知事夫人として政治舞台に登場した地域だ。リトルロックは州都だからまだいいけれど、少し奥に入ると産業化に取り残されたような貧困にあえぐ地域があったり、地場の主要産業の斜陽化が顕著だったりと、数々の経済的問題を抱えている。

コラさん（以下、本人の仮名として使用する）の家は、緑の濃い住宅地の中にあった。雨が降り続いていた。家々は慎ましく、勤労中間層向けの住宅地だ。コラさんの家は平屋建ての小さな家だが、アメリカの家庭がよくそうであるように二台の車が止まっている。コラさんと夫のトムさんのものだろう。ラレさんのときと同じように、「初めて会ったときにハグは大丈夫か」と事前にメールで尋ねていたが、「触覚過敏があるので勘弁してほしい」とのことだった。

コラさんは、そのかわりにとびきりのスマイルで私を迎えてくれた。この笑顔は、アバターとして会うときにはわからない側面だ。ハグはせずに、二人でちょっとぎこちなく軽くお辞儀して会釈をした。彼女は、日本の社交文化の礼儀の部分——握手やハグではなく距離のあるお辞儀をして、視線を合わせることがアメリカほど強く要求されない文化——は、自閉圏の人にとって楽だと感じて、親しみを覚えているらしい。

夫のトムさんと愛犬のラブリーも出迎えてくれた。コラさんは長身、大柄のしっかりした体格で、家の中なのになぜかアウトドア用のつばの広いカウボーイみたいな帽子と、同じくアウトドア用のベージュ色の大きなベスト、同色のロングスカートを着ている。そして少し身体のバランスが悪いので、山に登るときのような長い自然木を使った杖をついて

コラさん（左）と著者

いた。

部屋のなかはつつましやかだが、われわれの訪問のために片付けてくれたのだろうか、きちんと気持ち良く整えられている。リビングのソファの前に置かれたコーヒーテーブルには、アメリカの家庭ではよくあるように、絵や写真の多い本が三冊ほどディスプレイされている。

コラさんはリアルでの会話でも相変わらず、正確な言葉で質問に答えようと身構えていた。トムさんが傍に座り、なにかと言葉を添えてくれる。コラさんは、現在は教会のボランティアを少しやっている程度で仕事はしていない。トムさんが中学や高校で生徒にマイクロソフト社のソフトの使い方を教えたりして暮らしているが、暮らしぶりは決して豊かではない。

コラさんはいつも嘆いていた。

「本当は少しでも働いて家計の足しにしたいのだけれど、それがすごく難しい。教会の本屋でのボランティアでも、あまり使ってくれない。まるで私を陰に隠すみたいに扱う」

それに、コラさんは激しい感覚過敏に悩まされていた。人ごみの中にいると、もう自分が人間ではなく、まるでただのゴミの一粒のように扱われている気がすることがある。そのうえ、最近は体調がすぐれない。だから高い知性にもかかわらず、今は仕事にはまったくついていていない。

人に誤解されがちな身体表現

仮想空間のチャットでは、見事に言葉を操りチャットをつないでいくコラさんが、リアルでは共感を交わしながら自然な会話をつないでいくことが難しい。

どうしてだろうか。コラさんは自分の行動を分析する。

「どうも私は、自分がよくわからなくて混乱しているとき、まるで怒っているように見えるらしい。私の表情の反応は人とは違うらしいの。人がびっくりしたらこんな風に反応する、という行動パターンがあるとすると、たとえば私の目玉はそれとは違うように反応する。びっくりしたときと怒っているとき、私には目玉の動きはそんなに違わない気がするけれど、どうも私の反応は怒っていると誤解されてしまう。私は怒っているんじゃないのよ、びっくりして混乱しているだけ、とか人に説明しなくてはならないわけ。実際、それは私の顔の筋肉の問題だけなんだけれど。なにか一生懸命考えていると、私の顔が自分の意思から独立して勝手に動き出すみたい。そんなにいつもそうなるわけではないけれど、ときたまそんなことが起きるのよ」

まるで身体に自分がのっとられたようで、結果、周囲からはコラさんの意図とは違う反応を招いてしまう。

おしゃべりが好きそうなトムさんの存在が場を和ませてくれた。

「ほらさ、昔のことだけど、僕たちがお互いを見つめ合おうというとき、さらに近くに寄り添ってキスとかしようとする。すると彼女は、僕と目を合わせるのが嫌で下を向いてしまうんだよ。僕が彼女を見つめると、彼女はさらに下を向いちゃう。困ったよ、最初のうちは。でも、そうしているうちにお互いを知るようになって、彼女はそんなことをしなくなったのだけど」

ふたりは昔を思い出したのか、軽くお互いの手に触れて笑顔を交わした。結婚して九年になるのだという。微笑ましい仲の良いカップルと見受けられた。

コラさんがアスペルガーと診断されたのは、結婚してすぐのことだった。コラさんの言い方によれば、トムさんも自閉症ではないものの「普通ではない」とのことで、お互いの非定型インテリジェンスを深く尊重しているように見受けられた。お互いを世間の基準で判断しあうのではなく、非定型であることを面白がるようなスピリットが、家庭でのコラさんの生活を楽にしているように見受けられた。

しかし、身体的な表現が違うと人に誤解されてしまうのはたしかだ。

「私の大の親友にも誤解されたことがあるわ。私が目を見ないでいると、失礼だと感じたようなのね。そのときの私は、本当にものすごく疲れていただけなんだけど」

感じること、理解すること、表現すること

私はコラさんに尋ねてみた。

「すると、自分のなかに他者への同情や共感の心があっても、それを表現する方法が他人の方法とは違うので、うまく伝わらないこともあるということかしら」

他者の気持ちや視点に対する共感がないことが、自閉症スペクトラムの人の特徴だとして、それを「心の盲目」と表現する研究者がいる。この表現に私は賛成できないが、コラさんもそうした心理学者たちの見方はよく知っている。

「そう。感じること、理解すること、反応すること、これはみんな違う。人によってはこの三つ全部が上手ですごく早くできて、とても複雑なことができる。でも、複雑なことができる人全員が早く反応できるとも限らない。単純なことと複雑なこと、易しいことと難しいこと、いろいろな種類のタスクがあるけれど、ときには大体の人にはすごく易しいはずのことが難しかったりする。だから、何かを感じてはいても、自分のなかにどういう感情があるか理解していなかったり、その感情に（たとえば「共感」とか「悲しい感情」とか）名前を与えていなかったり。感じること、理解すること、考えること、そして他者に反応して表現すること、みんな違う難しさがあるのよね」

いつもどおり、正確で分析的な言葉だ。

たしかに、表情やジェスチャーなどを通じて他者の気持ちが読めないということと、他者の痛みを感じたり同情したりすることとは別物だ。さらに、自分が他者の痛みに同情する気持ちがあることを理解するのも、自動的にできるとはかぎらない。また、気持ちがあっても、それを他者にわかるように表現することは難しい。感じること、理解すること、そして適切に反応することはみな違うのだ。

アラーム時計が鳴った。愛犬のラブリーを庭で遊ばせる時間だ。コラさんは、よいしょと立ち上がり、キッチンのドアからラブリーを外に連れ出してから居間に戻ってきた。アラームをまたセットして、ラブリーを連れ戻すのを忘れないようにする。自閉症スペクトラムの人には珍しいことではないが、コラさんは時間の感覚が多数派とは違う。

「私には、三分も三時間もあまり変わらないことがあるの。アラームを上手に使っていかないと、ペットを遊ばせることもできないわ」

動物に対するシンパシー

コラさんは動物を愛していた。インタビュー中にも、足元に座る愛犬ラブリーを愛おしそうに撫《な》でていたことが印象的だった。仮想空間で「人間よりも動物にとても親しい感じをもつ」と言っていたことを思い出す。

動物は、人間のように言語や概念にしばられることなく、視覚や嗅覚、聴覚などの感覚にダイレクトにアクセスする。そのためか、テンプル・グランディンのような「絵で考える」視覚優位の自閉症の人は、人間よりも動物のものの見方に親近感を覚える人が少なくない。グランディン自身は、動物行動学者としてその認知特性と能力を生かし、動物の視点や世界観にやさしい施設の設計図を引くことができた。ちなみにコラさんは、言語を使う力が並外れて強いが、絵を描くのも好きで視覚優位の側面もある。

さらにコラさんの場合、触覚が過敏といっても、特定の嫌いな触感はあるが、どんなものに触っても過敏になるわけではない。また、自分がコントロールしている状況で、どのような反応が来るか予測できる接触のときは、触覚過敏が起きないらしい。愛犬を撫でる場合はもちろんそうだ。

コラさんの動物好きは、彼女の自己イメージの芯に根付いているようだ。仮想世界におけるコラさんのアバターはみんな動物か、想像上の生き物だ。そのときの気分で、フクロウになったりドラゴンになったりする。彼女は人間のアバターをまったく使わない。アバターは自分の代理や分身だ。コラさんにとって、自然と自分が気持ちを通わせることができるのが動物だったのかもしれない。

いまコラさんは二匹目の犬を飼う予定もある。今度の犬はたんにペットではない。サービスドッグだ。盲導犬はよく知られているけれど、「自閉症の彼女がなぜ」と考えるかもしれない。だが、彼女は体が少し不自由で、床からものを拾ったりすることにも難儀する。サービスドッグは、そんな彼女のさまざまな日常の不便を助けるように、訓練される計画だ。そのための資金は、インターネットのクラウドファンディングで募るつもりだ。彼女の動物との新しい共同作業が、うまくいくよう祈りたい気持ちだ。

どんなときにメルトダウンが起きるか

コラさんにはひどい感覚過敏がある。

「感覚情報の過剰負荷だけではなく、それにエモーションの過剰負荷もある。そういうことがきっかけになって、自分で自分を統御できなくなることが最悪のシナリオ。そういうときは本当に自分が自分でなくなってしまうのよ」

コラさんの言う「自分が自分でなくなってしまう」瞬間、それがメルトダウンと呼ばれる現象だ。

ラレさんの例を思い出してほしい。彼は「脳を世界の外に出し」て、心を違うゾーンに飛ばし、創造性の源泉であるインスピレーションの世界へと自分を開くことを大事にしていた。それが彼の創造性の秘密だった。

それに対して、もっと命がけの緊急事態から逃れるためのレベルで、自らを守るために解離の状態に入る場合もある。パニックを超えて、心身の内側から制御が崩れ落ちるような状態だ。それがメルトダウンだ。

コラさんは、どうしたらそうした状態に陥らずに済むか、どうしたら自分をよく統御できるかに一番の興味があるようだった。それは、感覚過敏がとても強いせいかもしれないし、普段はとても分析的な性格で自分を統御することが大切だからかもしれない。しかしなによりの理由は、メルトダウンがそれだけ心理的にも肉体的にも大変な経験だからだろう。

コラさんは、メルトダウンの経験をとてもオープンに語ってくれた。

ある日、彼女がひとりで空港のセキュリティ検査の列に並んでいたときのことだ。普段も杖をつくくらい身体のバランスが悪いので、コラさんは空港ではいつも車椅子を頼んで障害者係の人に来てもらうのだが、その日にかぎって係員も車椅子も来ない。彼女は立ったまま、検査場で係員が彼女の荷物を取りあげ、ひとつひとつ取り出していくのを見ているしかなかった。

手続きがよくわからない不安に加え、音、視覚、匂いなどすべての感覚情報が過剰に彼女に襲いかかる。「バカにされているのではないか」といったさまざまな感情も浮かび、「まるで急な過剰負荷で、電気のブレーカーのサーキットが飛んでしまったみたいに」、彼女はメルトダウンしてしまった。

「私は自分のなかに引きこもってしまって、その日一日まったくしゃべれなくなったの」

また、空港ではこんなこともあった。予防的なやりかたとして、話さないまま車椅子に乗って身体をゆすっていたら、まだ完全に自分を失うような状態に入っていたわけではないのに、外見から強度の知的障害者だと思われたらしい。紳士的な係員が「君は誰かと一緒にいるのかな」と言いながら、まるで小さな子どもをあやすかのように扱って、ゲート まで連れて行ってくれた。そこでメルトダウンが起きたという。

こうしたいくつかの手ひどい発作で、健康への悪影響や屈辱の経験を繰り返すごとに、コラさんはどうしたらそうした発作を起こさないで済むか、それが彼女の生活の中心課題になっていった。

彼女は視覚、聴覚、触覚、匂い、などさまざまな感覚の過敏をかかえている。

「音にも敏感で、急な大声のようなのはだめ。蛍光灯がチラチラするのももちろんだめだし。それに、ある種の匂いとか触感もだめね。もちろんそれは体調とかいろいろな要素に影響されるのだけれど。人によっては、部屋の中にいる人たちの息遣いもすべて聞こえてしまうという人もいるけど、私の聴覚はそこまでは鋭くない。でも、他の部屋でろうそくが燃える匂いがしたり、音が聞こえることもあるし、星がキラキラ光るのがよくわかったり、いろいろなことがあるわ」

アレルギーや身体感覚にも問題がある。それらが積み重なって、感覚飽和になったり発話不能になったりするのでは、という予測できない事態への不安感も大きい。

ポケットだらけの「防護服」

一方でコラさんは、典型的な独立独歩のアメリカ人らしく、それで行動を制限する気はまったくないようだった。決して受動的にはならない、そこが彼女らしいところだ。聴覚過敏にはヘッドフォンとか、ともかくいろいろな手段を使って、行動の自由を確保しようとしている。

「そこで――」

コラさんの「防護服」とアイテムの数々

とコラさんが立ち上がって、着用していたアウトドア用の大きなベストを、誇らしげに見せてくれた。

「ほら、ポケットが二二あるのよ」

そこには予測できない事態にすぐ対応できるよう、さまざまな道具が入っていた。たとえば、変な匂いがしてきたら、「ミントの香りのスティックよ。これを嗅ぐと変な臭いをうち消してくれるわ」。

そのほか、自分を落ち着かせるために嚙むペンダント、握ると落ち着くことがあるというおもちゃ、視覚情報が過剰になったときのためのサングラス、食物アレルギーが出たときの薬やその他の常備薬などが出てきた。

極めつきは、大きな内ポケットに入るiPadやスマートフォンだ。これらには、万が一発話が厳しくなったときのために、AAC（Augmentative and Assistive Communication）といわれる、入力した言葉を文字化するプログラムが入っていて、それを胸元のポケットに入れた音声装置が人工音声で発話してくれる。上のほうの内ポケットに発話装置を入れておくと、音がより自然に相手に聞こえるのだそうだ。

もちろん、お出かけに必要な障害者用の駐車票もあれば、折りたたみ傘もある。次から次へと、いろいろなツールが出てくるベストに、私はびっくりした。家にいるときも着用することがあるのは、少し体が不自由なので、必要なときに物を探すのが大変だかららしい。

「いつも出かけるときに持って行く道具が多すぎて大騒ぎになるので、二年前にプレゼントしたらすっかりお気に入りになったんだ。自動音声については、僕は彼女の本当の声のほうがスイートで好きだけどね」

夫のトムさんが言い添えた。

そもそも自閉症当事者も、定型側も、それぞれコミュニケーションの上で文化的に心地よい繭《まゆ》のようなものがある。しかし、定型側はコミュニケーションの多数派なので、その繭から出ることを強制させられることは少ないし、そのままでもなんとかやっていけるものだ。一方、自閉圏の人々はコミュニケーション上のマイノリティなので、社会との接触上、常にその繭から出ることを求められる。コラさんは、その知性の限りを尽くして、その繭から出て社会と接触しても、自分の健康と自己制御を保つ方法を探している。自分ルールで生きられる自立の領域を押し広げることが、彼女の作戦だ。

「自立」というと、依存する先をゼロにすることだと誤解されることがある。しかし、医師で脳性マヒの当事者である熊谷晋一郎さんは、障害者が自立するということは、実は社会のなかで依存先を増やすことにほかならないと年来主張している。コラさんにとっては、仮想空間の当事者アバターのコミュニティや自動音声による発話装置などのテクノロジーは、そうした自立のための依存先を増やし、分散するという役割を担っている。

多数派に同調するのでもなく、かといって社会的に孤立するのでもない立ち位置こそが、彼女の求めるものだ。コラさんは、自分の健康を守りながら社会に参加したいのだ。それが、あの二二のポケット――さまざまな予測できない困難に出会ったときのために使うさまざまなツール――に象徴されている。

非定型者のためのテクノロジー

翌日、ますます濃くなる六月の緑を激しく洗っていた雨が、ようやく止んだ。足元の心配がないので、みんなでカフェに行ってみようということになった。彼女はいつものベストとカウボーイのような帽子を着込み、杖をもって出かける。文字入力でコーヒーを買うやり方も見せてくれるという。

車で近所のカフェに到着した。杖をついて歩くコラさんとしゃべりながら、カフェに入る。

「コーヒーとマフィンをください」

自動音声の女性の静かだがやや高い声が、コラさんの胸元のポケットに入った発声装置から響き、無事に目的のものが買えた。

ところで、感覚過敏というのは、深く聴きすぎたり、見すぎたり、感じすぎたりすることの裏返しでもある。オーストラリアの女性ウェンディ・ローソンは、その自叙伝のなかで次のように述べている。

> 私の感じかたは、大多数の人たちより、深いんじゃないだろうか——ふと、そんなことを考えることもある。そんなときは、感覚のスイッチを切ることができたらいい

のにと思ってしまう。

（ウェンディ・ローソン『私の障害、私の個性。』ニキ・リンコ訳、花風社）

感じ方が深く強いからこそ、感覚情報が入りすぎ、情報の過剰負荷で処理しきれなくなってしまう――。もしそうであるなら、感じ方の深さはそのままに、感覚情報のインプットの量や質をよりコントロールできるテクノロジーが開発されれば、どれほど当事者にとっても社会にとってもプラスになるだろうか。

現在は、多数派の人が使えそうな分野にAIのテクノロジーが応用開発されている。しかし、非定型は少数派とはいえ、人口全体のなかでは大変な人数になる。その人々の深い感じ方、認知特性の峰をそのままに生かしながら、認知の谷間、苦手なこと、余計な情報をフィルターして、その人の特性に合わせて調整することができるようになれば、それは社会全体にとってどんなに福音になるだろうか。

コラさんの頭の中も、情報が過剰負荷された「ハイパーワールド」なのだろう。そのハイパーワールドを抱えたコラさんが、社会と向き合い、なんとかその一員として生きていこうとするとき、彼女を護る戦闘服がいる。何が起きるかわからない、マジックショーのような世界で、予測できないことが彼女の不安の根底にあるとしたら、二二のポケットがあるコラさんのベストは、NTの世界での彼女の防護服なのだ。たとえ定型の人々からは奇妙に見えても、彼女が社会と対峙するために必要な装いだ。

出来たてで湯気の立った思考

仮想空間でも、リアルでも、コラさんはいつも、当事者運動のアクティビストとして、自閉症は個性だと主張する文脈で話し、行動しようとしていた。つまり、「あるがまま」での多様性、それぞれが尊敬を受ける権利があるという正義の主張だ。多数派に合わせて無理をする必要はない。もし変に見えても、それだけで身体動作を変える必要はない。だからといって、多数派に属するNTとの交流を拒否するつもりもない。

ちなみに、手をひらひらさせたりする繰り返しの身体動作は、すべてではないにせよ、多くの自閉症当事者にとっては自然で、自分を落ち着かせる動作だ。実際的な効果もあり、コラさんも「繰り返すことはたしかな身体の手応えがある」と言っている。繰り返す身体動作で自分の身体感覚を再確認すると、パニックになりそうなとき、自分から解離しないで、自己のコントロールを回復できるのだという。時には多数派の視点から偏見の目で見られそうな行動にも、やむにやまない理由があるのだ。

自閉症当事者運動の文脈で語られるニューロ・ダイバーシティの思想は、まだ現実のなかで形成過程の途上にある。フクロウアバターのコラによく似合う「ミネルヴァのふくろうは、たそがれがやってくるとはじめて飛びはじめる」というよく知られた格言は、哲学者ヘーゲルの『法の哲学』の序文に書かれている。この部分は、神秘的な匂いのある言葉なのでよく文脈も意味も不明のまま引用されるけれども、その少し前の部分を読むと、その意味がもっと鮮明になる。

> 世界がいかにあるべきかを教えることにかんしてなお一言つけくわえるなら、そのためには哲学はもともと、いつも来方がおそすぎるのである。哲学は世界の思想である以上、現実がその形成過程を完了しておのれを仕上げたあとではじめて、哲学は時間のなかに現われる。
>
> （ヘーゲル『法の哲学Ⅰ』藤野渉・赤沢正敏訳、中公クラシックス）

つまり夜行性のフクロウは、夕暮れ時になると、知恵の女神ミネルヴァのために知識を集めに飛び立ったという故事から、哲学は生き生きとした現実が落ち着いたあとで、そこに後付けで解釈を加えるものだ、と指摘しているのだ。

自閉症当事者たちの運動は、まだまだ新しいし運動としてもまだ十分に成熟してはいない。当事者たちが声をあげはじめ、神経構造の非定型者、マイノリティとして自分を模索し、苦闘しながら社会と向き合っている最中だ。まだ現実は形成過程の途上にある。

コラの言葉もまだ荒削りだが、現実とホットに切り結ぶなかで出てきた、出来たてで湯気のたった思考なのだ。彼女のそうした思考と行為の根底にあるのは、「私はどう行動するべきか」「どう社会と向き合うか」という真摯な問いだ。

こうした当事者の言葉や態度の積み重ねが、いつの日か振り返れば、ニューロ・ダイバーシティの哲学の起源とされるときが来るかもしれない。

第4章　マンガを描くことで深める自己理解

——葉山爽子さんの場合

自閉的世界をマンガで表現する女性

仮想空間の世界で、英語圏の自閉症スペクトラム当事者の人々と話しあうようになって一〇年近くになる。その間に私の研究の幅も広がり、今では日本人の自閉症当事者の方々とも広く対話するようになっていた。

幸いなことに、バリエーションに富む仮想空間のアバターたちとの会話で鍛えられた記憶もいい具合に熟れてきて、それが日本人の当事者たちのお話を伺ううえでもプラスになった。そうしたインタビューのなかから、ラレさんやコラさんとよく似ているところがあり、しかも違う視点を提供してくれる、葉山爽子さん（仮名）の非定型インテリジェンス世界を紹介したいと思う。

はじめに葉山さんに興味をもったのは、ラレさんとよく似ているからだった。ラレさんはスーパーマーケットに長年勤続しながら、仮想世界のなかで夢の建造物を作ったり、作曲やＤＪをしたりして創造的に活動していた。一方で葉山さんは、ある会社の製造工場に長年勤続しながら、自分の自閉的世界と仕事や生活での困難とを、マンガというかたちで表現していた。そのマンガ作品は、自分さがしの一環として描き始めたものだという。マンガを介して自分の世界を話していただくことは、仮想世界をテコにして自閉症の世界を探求していくことに似ている。ぜひ実際に話を聞いてみたいと思った。

葉山さんは、お会いすることは快諾してくださった。ただ同時に、次のようなメールも頂戴した。

「わたしは残念ながら、最近はアスペルガーのわたし独自の認知世界を離脱しました。会社に行くには、わたしのこの世界はとても邪魔なので。消すことに専念して、それが成功しました。でもやはりあの世界を大事にしたいし、できることなら戻りたいですけどね。だから今のわたしの話がお役に立てるかはわかりませんが」

ここでいう「アスペルガーを離脱する」とはどういう意味だろうか。私は米国で当事者の権利や個性を尊重し、個人の尊厳に敏感な自閉症当事者アバターたちと交流を深めてきたので、「わたし独自の認知世界を離脱」という言いまわしには少し戸惑った。

自閉症スペクトラムは、その社会への適応程度を上げることができる。実際に、認知特性に合った職業を得て社会で活躍する人や、大人になってから感覚過敏などが和《やわ》らいで生活への適応度が高くなる人もいる。しかし、本来は生物学的な脳の神経構造からくる発達のなかで醸成された認知特性という側面があるので、コラさんが強調していたように、その人の個性そのものである。

それなのに葉山さんが「アスペルガーを離脱した」と強く言い切るのには、会社で仕事を続けるために、自閉症からくる障害の部分をなんとか克服しようと、努力を続けられているのがひしひしと感じられた。

「わたしが感じる世界はすべて間違っている」

繰り返しになるが、高機能自閉症であるアスペルガーの人が会社で勤続することは、かえって楽でない場合がある。周囲の期待も大きいし、本人も自我が発達しているだけに、自分を殺して社会のルールに沿うことに心理的な抵抗が大きいからだ。

そこで私は、会う前にメールで質問してみた。どうして自閉症を卒業しようと思ったのか。そのきっかけとなった、会社で働くうえで感じた不便は具体的にどんなものか。葉山さんは、こんな風に答えてくれた。

「わたしの世界は、本来、美しいもの、楽しいものにあふれています。それはほとんどが普通の人たちとは違うかもしれませんし、感動の度合いが違うかもしれませんが。

わたしは今、製造工場で働いておりますが、塗装ラインには塗装される部品たちが一列に規則正しく、棒につるされて広い空間をゆっくりと動いています。そろって並んでいるのは美しくてずっと見ていたいです。(作業中、なにか視覚的に面白いことを見つけて、ぼうっと心を奪われてしまったときのことに触れて)わたしの世界の美しいものを取り入れようとすると、職場では社会的な制裁を受けることになるので、(工場で働く限りでは)自閉症を捨てなければなりません。

時間の感覚については、自分のペースだととても会社の一日についていけません。自分の感覚を捨て、時計の針に行動を合わせます」

続けて私は、どうやって自閉症を卒業したのか、そのためにどんな努力をしたのかと尋ねてみた。

「本当に血のにじむような努力でした。「わたしが見る・聞く・感じることはすべて間違っているから、何も感じないように。それをうっかり口に出さないように」を徹底して、三年ぐらい訓練しました。変なことを口にしないように、毎朝、塩で口をゆすいでお浄めまでしていきました。おかげで、人工知能ワトソンのようになった感じです。自分の経験値からのデータですべて動いています。とても悲しいですが、(仕事をしていくことは)自分で決めたことだから、会社にいるうちはこれを続けます。仕事を辞めたら楽になれると考えています。とにかく、目の前に出された課題をやることだけに集中しています」

「わたしが見る・聞く・感じることはすべて間違っているから、何も感じないように。それをうっかり口に出さないように」とはなんと悲しい表現だろうか。自閉症スペクトラムの人々は、たしかに定型的な人々とは違っているけれど、それは「間違っている」とか「劣っている」ということではない。ものの見方、感じ方が少数派なだけなのだ。そんなに自分を全否定する必要はないのでは、と言いたくなる。

しかしその一方で、それが葉山さんのなんとか社会に適応しようとする努力の表れのようだった。同時に、葉山さんの文章からはユーモアの感覚が感じられ、「人工知能ワトソンになったようだ」などと自分を客観化して表現しているように観察眼もある。さすがにマンガを描くだけのことはあると感じた。

自閉症的世界が懐かしい

高いインテリジェンスを持つ葉山さんは、実は自閉症は「個性」でもあり、「生まれつきの部分もある」と正確に認識しているようだった。しかし、自閉症的な認知特性をもったままでは、会社で働いていくことが難しかった。

「厳密に言えば、自閉症を離脱したわけではなく、「自閉症的認知の世界」から離脱しようとしたのです。残念ながら、どうあがいても自閉症からは回復できません。

わたしが自閉症ワールド全開だったころは、真綿にくるまっているようでした。苦しみながらも、結局は自分の楽しい世界から出ようとしなかった。まさに「自閉症」と言われても過言ではありません。でも真綿の中で生きながら、周囲の人たちに言い訳をすることがとても難しいのです。周りの人々が誤解するからです。「あいつは怠《なま》けている」「かまってほしいから、わざとやっている」など、定型の人は考えられる範囲内でなんとか理解しようとするからです。

　でも今、会社で見ていると、定型の人たちもこの世界で真綿にくるまっています。自分たちの心地いいことの中にいる人が多いし、自分の身を守る言い訳をたくさんしています。でも、多数派なのでその論理が社会に通用するのです。真綿にくるまるのが悪いことだと言っているわけではありません。ただ、自閉症と定型脳をお互い理解するためには、（本来は定型の人も自閉症の人も両方が）真綿から出なければなりません。わたしも本当は、真綿から出たくなかったですけど……」

　自閉症の人と定型脳の人がお互いを理解する場合、両方がコミュニケーションの居心地の良い繭のようなななかに入った世界から、一歩踏み出さなくてはならない。このことは、まさに米国のアバターたちも語っていたところだ。しかし実際には、それが難しい。どうしても自閉症当事者の人、とくに高機能でなんとかそれが「できる」人が、自分の枠から出て頑張ろうとするパターンが多い。

　そこで私は、なぜ自閉症的世界に「懐かしい」とか「戻りたい」と思うことがあるのかを尋ねてみた。答えは次のようなものだった。

「望郷の念といいますか、ときに自分本来の感覚を思い出しては、うれしくてたまに涙を流していいます。一般社会では、人々は自閉症の姿にかわいそうと思ったり、悲しんだりするかもしれません。わたしは隠れキリシタンみたいで自分が嫌ですが、今回このような質問をいただいてドキッとしています。正直なところ、本当にうれしいです」

他者と交われない悲しみ

往復書簡のようなメール交換を通じて、なんとか社会に適応しようと真摯に努力している葉山さんの姿が浮き彫りになった。また、独特の比喩とユーモアを用いながら、率直に気持ちをぶつけてくるので、私も会うことが本当に楽しみになった。

すでに述べたように、製造工場で働く葉山さんの境遇は、スーパーマーケットで長年勤続してきたラレさんとよく似ている。しかし、ラレさんが「仕事は仕事」としてある意味あきらめ、仮想空間での創造性の発揮に自分の生活の焦点を持ってきているのに対して、葉山さんは会社や社会のなかでうまくやっていくこと自体が生活の大事な焦点になっているようだった。

葉山さんは、優秀な障害者の勤労事例として表彰されてもいた。それは、彼女が「なんとか自立しよう」というライフステージにいるからかもしれないし、日本の同調圧力の強さが影響しているのかもしれない。

また、女性は人とのつながり自体に人生の意味を求める傾向が強い、というジェンダーの違いもあるかもしれない。一概に言えることではないが、女性は人間関係におけるつながりを深め、その関係性のなかで評価され、大事にされることに人生の目的を置く人が男性より多いような気がする。だいたい、女子会のホットトピックはどの世界でも、周りの知っている人々のゴシップが多いものだが、それも無意識のうちに「誰とどうつながるか」に焦点を合わせているためだろう。

葉山さん自身はメールでこう語っていた。

「子どものころから「みんなに交わりたい」という思いが強すぎて、自分がアスペルガーとわかった今でも、どうしてもこれから抜けられません。周囲の人たちをびっくりさせたくない、不快に思わせたくないので、いつも適当に浅く笑っています」

リアルの葉山さんに会いに行く

葉山さんは、ベリー・ショートカットのヘアスタイルとからし色のセーター、それにメガネがよく似合う。聡明な明るい感じの女性で、アラフォーの年ごろとのこと。

冒頭、私は葉山さんのものの見方や感じ方をなるべく丸ごと知りたいので、マンガの話から教えてくださいとお願いした。

バカ者〜
壊れろー
仕事のジャマだ
本当のわたし

仕事のために「自分」を壊す

葉山さんは「職場ではいつも浅く笑っている」と言っていたが、その日は素敵なスマイルが全開しているように見えた。マンガを見せながら自分の本当の世界をシェアすることを、心の底から楽しんでおられるようだった。質問にも歯切れのいい言葉で対応してくださり、ちょっといたずらっ子のようなジョークの精神も感じた。

「わたしのマンガには二種類あって、普通の人の目から見てわたしの不足さを表したものと、完全にわたしの世界観をそのまま表現したものです」

二冊の分厚いクリアファイルに入った作品を前にして、葉山さんが説明を始めた。マンガは誰に見せるとか、どこかに発表する意図で書いたものではない。むしろ自分の考えや感じていることを整理するために書き始めた。定型の人との交流などを通じた自分探しの過程で、思いついたことを書き溜めたのだ。

仕事をして、多数派のなかで生きていくことは、毎日自分を壊され、作り直させられている。そんな端的なイメージがこのイラストである。

この作品は、葉山さんが現在の会社に入社したころ描いたものだ。障害者枠での採用だったため、自閉症スペクトラムであることをオープンにして入社し、会社側も十分な配慮を心がけてくれた。それでも、やはり「本当の自分」のままでは仕事は続けられない。「わたしの勘違いや思い込みの認知が、この現実世界とだいぶかけ離れているようだ。だから、とにかく自分を壊さないと、現実のこの世で「仕事」に行くことができない。平日、わたしは自分をぶっ壊し、ただ手順通りの型を演じていくだけ」

葉山さんはこの作品をそう説明する。

「空気を読む」ことの困難

もしこのイラストをコラさんが見たら、自閉症当事者運動の視点から一言あるだろう。「多数派に合わせてそこまで個性を殺す必要はない」と言うかもしれない。

葉山さんは、自分の対人的なスキルが低く、定型的世界のやり方がわかっていないという自覚がほとんど強すぎて、自分でも疲れ果てるほど周囲に適応しようと努力しているようだった。

アスペルガーの人は「わが道を行く」タイプというか、そのように見える人もたしかに多い。しかし、たとえ外からはそう見えても、実は本人は適応のために過剰なまでの努力をしている場合がある。人に合わせようと頑張りすぎて、かえってそのためにストレスを溜め込み、健康に悪影響が出て二次的障害につながってしまう場合もある。

コラさんは、二二のポケットのあるベストや文字入力による発話装置を使ったりして、なるべく自分に心地よく、負担が少ないやりかたで社会に参加しようとしていた。自分の感覚を外の世界から守るためで、人に無理に合わせるという方向に向かっていない。

このように、コラさんが自分ルールを貫く方法やツールを開発するのに対して、葉山さんは「自分を壊して作り直さなくては」とまで思いつめた心境になっていた。これはやはり「過剰適応」と言えるだろう。「人と交わりたいのだけれど、人の気持ちがわからない」という強い内的要求が影響していると考えられる。そして、自分の好意や善意を示すために、過剰に他の人に気を遣おうと努力しているところもある。

そのうえで、葉山さんの置かれた社会経済的な現実と、同調圧力の強い日本社会の現実という二つの外的要件が影響していると考えられる。

葉山さんは、今の会社に就職するころは、二年間にわたり授産園での実習も経てきたので、今度こそ社会的・経済的に自立しようという意識が高まっていた。そのためには、神経構造の多数派に合わせざるをえないのが現実だった。しかも日本では、集団内の順応を促す圧力が強いので、厳密には「仕事」ではないのだが、職場の仲間と公私にわたるコミュニケーションをうまくやることがごく自然に求められる。

しかも、その交際ルールは明示されていないことが多い。もちろん、どんな社会や職場でも暗黙の交際ルールはある程度存在する。けれども、米国の場合は移民国家であまりにも個々人の文化や背景が違うので、法律と契約できちんと枠をはめるが、その他は最小限のルールを守る程度のおおらかさがある。

ところが日本の場合は、より「空気を読む」的な対応が求められ、そのぶん自閉症スペクトラムの当事者にはきついのだ。また、本人も家庭や学校教育のなかで、コミュニティの暗黙のルールを守るべきだという道徳を内面化していることが多い。

大学在学中に診断されるまで

もともと葉山さんは、高校卒業後、将来は日本語教師になろうと思って専門学校に通っていた。その間、イギリスやアメリカに語学留学をしたこともあり、外国人との交流はとても好きだった。アメリカで勉強しているときは、自分の思うままに行動しても誰にも怒られないと感じて自由な気持ちだった。

また、昔ある工場でアルバイトとして働いていたときには、同僚のブラジル人労働者たちと友達になり、その「大きくて明るく、感覚を大事にして」人生を楽しんでいるように見える文化がとても好きになった。彼女自身、そのように振舞うことが許されればもっと自由に生きられるのに、と思った。

しかし、日本語の教師になろうとすると、ただ外国人と友達として交流するのとは違ってくる。まず、教室はうるさくて感覚過敏のある人間には厳しいし、「本を見ながら説明して板書して、質問が来ればその場で答えたり」といった具合で、マルチタスクを臨機応変に行う必要がある。自閉的認知特性には苦手なことがいっぱい詰まっていた。

言われてみれば、たしかにその通りだ。認知特性には「深い谷」があるが、同時に優れた点もあるようなインテリジェンスの持ち主には、より個別の特性を見極めて、職業指導が早いうちから行われるようになるといいと思う。

専門学校を卒業後、葉山さんは、パン屋さん、工場、事務職とさまざまなアルバイトをしたが、どこにも居場所を見つけられなくて、まるで「地球のような惑星にやってきた宇宙人のようだった」という。結局葉山さんは、その後社会人入学した大学在籍中に、彼女をとことんサポートしてくれる精神科医と出会い、アスペルガーと診断された。

その後、無事に大学の国際コミュニケーション学科を卒業したが、それで社会に適応できるというわけではなかった。このあたりは、大学を卒業した高知能のコラさんが社会でなかなか適応できなかったことと似ている。

パニックを招く出来事

葉山さんが、ある初期のマンガ作品を見せてくれた。

このマンガは、彼女がある授産園で障害者のための職業教育を受け始めたころの世界を、彼女の表面に見える現実世界（つまり授産園の中の彼女）と、彼女の内面（自分が生きている世界）で感じている世界の二つに分けて描いたものである。左側の四コマが園のなかで起きている「現象」と彼女の表面的行動で、右側の四コマがその現象を彼女の内面でどう受けとめたかという自己の「感じ方」の世界である。

左の一コマ目は、授産園で行う毎朝の掃除機がけだ。聴覚過敏なのでヘッドフォンをかぶっており、掃除機がけのような決まった役割をやっているときは、自分がなにをしているかその感覚がしっかりとある。

ところが左の二コマ目で、急に先生役の支援員が「実習材料の段ボールが届かないのでその日の作業予定が決まらない」と言い出す。葉山さんは、この変更とそのアナウンスのあいまいさに混乱する。対応する内面を描く右側二コマ目では、葉山さんはまるでバケツ

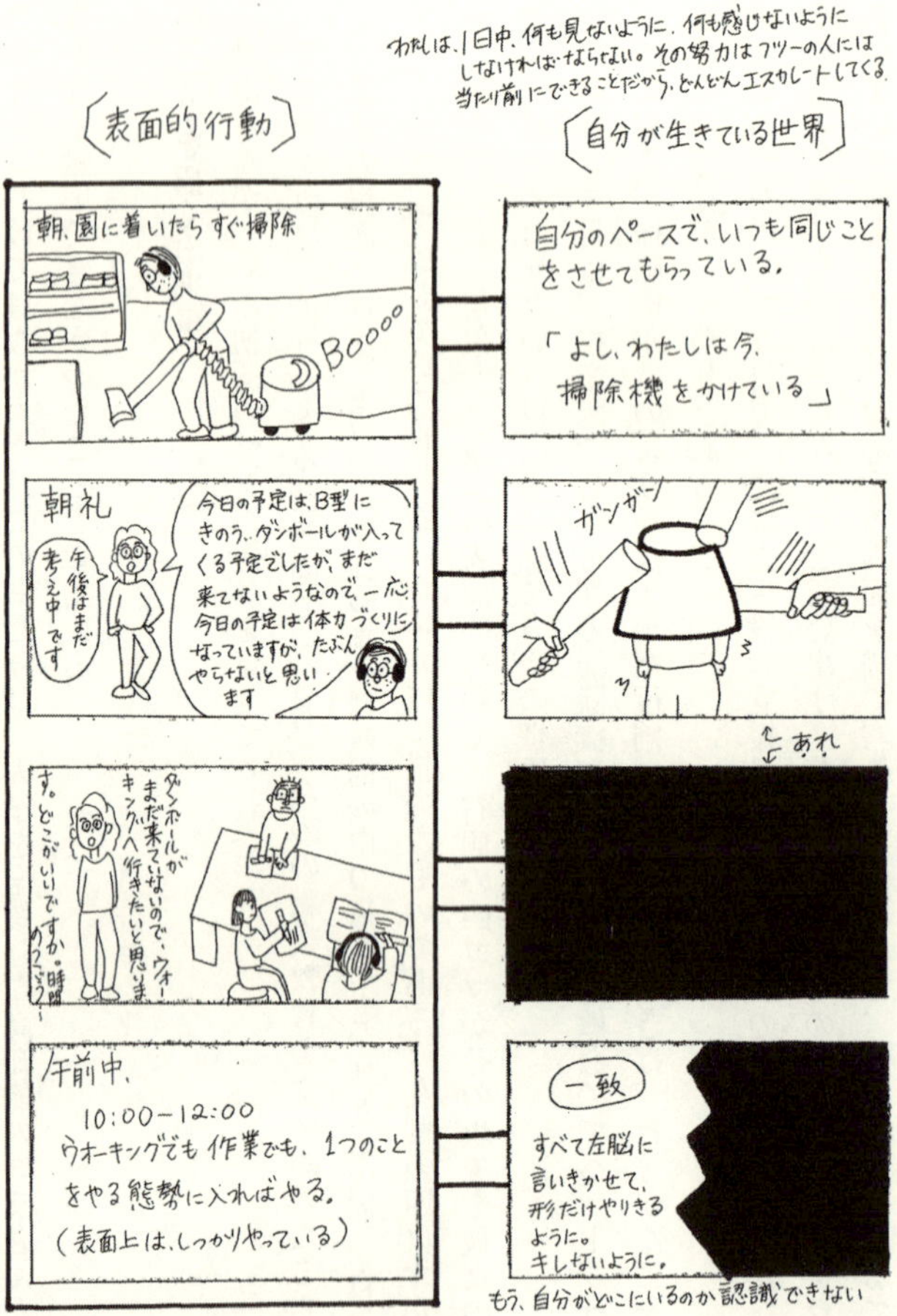

現実世界と内面で起きていることの対比

をかぶって頭をガーンと多方向から叩かれるよう。

さらに左三コマ目では、支援員がまだ材料が来ないけれど「作業の代わりにウォーキングに行くならどこがいいか」と聞く。支援員の話し方があいまいで、葉山さんにはわからなかった。内面（右三コマ目）の混乱はさらに頂点に達し、真っ暗になるような気持ちになってしまった。手順が狂ったときに柔軟に対応することが難しいこと、あいまいな話かけが苦手という認知のくせを上手に描いている。

「わたし、予期せぬことが起きるとパニックとか起こすし、予期せぬことは受け入れられないことが多いのです。だから（決まったことだけやる）工場の製造ラインの仕事のほうが、ずっと楽なんですよ」

その反対に、人のあいまいな言葉を周囲の状況や表情を読み取って対応する、という仕事は彼女には一番のストレスになる。自己理解が進み、かつ過剰適応する傾向のある葉山さんにはそういうことはないが、普段は物静かと思っていた当事者が、職場で予期できぬことにパニックになって急に攻撃的になる場合もある。ルールが明確な職場のほうが働きやすいのだ。

葉山さんは、工場の生産ラインは「まわりがきちんと整っていて、同じリズムでまわっているのを見ると、幸福な気持ちになる」と言う。物が揃っているのは美しいのだ。自閉症スペクトラムの人には珍しくない認知の傾向だ。

葉山さんの話を聞いていると、「大卒だからもっとできるはず」などと考えることが、自閉症スペクトラムの人にとってよくない場合があることがわかる。職業を選択するうえでも、学歴相応などと考えることが、必ずしも本人の幸せや能力発揮のために正しいやり方とは限らないこともよくわかる。

むしろ葉山さんの場合は、決まったことを手続きに沿ってやっていくことに強みがあり、しかも工場の生産ラインのような場所のほうが、彼女にとって感情的な負荷が少ないようなのだった。なんでも頭の中でデータ化して秩序をもって対応するような作業の場合は、彼女はむしろ仕事はとても早い人でもあるのだ。

一般社会の常識にとらわれることなく、本人の認知傾向に適合した仕事内容であることのほうが、本人の健康のためには大切な場合がある。大事なのは世間の基準ではなく、本人がどんな仕事に幸せと安定を感じられるかだ。

「たとえば五年くらい仕事をやってきていると、あの人がこういう顔をしたら、まあ怒ってはいるけどそれほど根深くないとか、もう全部記憶としてコンピュータみたいにそれぞれの人の反応の意味のデータが入っているので、それを活用しています」

しかし葉山さんは「それでもわたしもやっぱり人はわからないです」とため息をつく。

ビックリハウスのような現実

そう言えば「結局、職場では人間が一番難しい」というのは、ラレさんも言っていたことだった。スーパーマーケットで棚に商品を補充していくことがラレさんの仕事の中心だが、客からいきなり商品について質問されたり、同僚から同時にさまざまなリクエストが投げかけられたりすると、理解が追いつかなくなり混乱してしまうことがあると言っていた。

葉山さんも似たような経験をしてきているのだろう。だから、先のマンガ作品の欄外には「わたしは一日中、何も見ないように、何も感じないようにしなければならない。その努力はフツーの人には当たり前にできることだから、（ひとつのことができるようになると）どんどんエスカレートしてくる」と書き込まれている。

もちろん普通の人は、何も見ないように、感じないように強制されているわけではない。感覚情報のフィルターが働いて、重要でないことは聞こえないように、見えないようになっている。だからカクテルパーティーなどで、誰かが自分の噂話をしていると、雑音のなかでも急にそれが耳に入ったりする。自分のことらしいとわかると、かかっていたフィルターが急に外れるわけだ。葉山さんはこのフィルターが弱くて、聞こえすぎ見えすぎて感覚過敏で疲れてしまったりするのだ。

ところで、葉山さんの左右四コマずつのマンガは、ラレさんが仮想世界に作ったビックリハウスの世界そのままではないだろうか。葉山さんのマンガを見ると、ラレさんが出口のわからない部屋を作ったり、ジグソーパズルが突然黒いブロックになって行く手を阻んだりする部屋を創造したりといった、驚きに満ちたビックリハウスを作った理由もよくわかるような気がする。つまり、自閉症スペクトラムの当事者にとって、現実世界はまるで予測不可能でなにが起きるかわからない、マジック・ショウを見せられているようなものだ、ということだ。

当事者にとっては、日々生起する出来事を適宜予測しつつ、折り合いをつけていくことが難しい。葉山さんのマンガは、ある意味、日常生活で予測できないことに対応することが難しく、予測できないビックリが次々と起きる魔術的世界にいるようなことに自閉症スペクトラムの中心的症状があるとする、「自閉症マジック・ショウ理論」の事例のような作品だ。

ところが、仮想空間のアバター同士のチャットだと、余計な情報（表情やジェスチャー、感覚情報など）がはじめからフィルターされ、情報の引き算の世界になっているので、自閉圏の人々にとっては楽なのだ。神経構造が定型の人は意識していないが、葉山さんにとっては職場で人々のなかにいるだけで感覚情報が過剰に負荷されるので、そこにいるだけで大変な適応を要するのだ。

だから、できるだけさまざまな情報負荷を減らすこと、時には一人になって自分のなかのバランスを回復する時間があることが、葉山さんにはありがたい。会社のランチの時間などに人と雑談するのはすごく苦手だ。休憩時間なのに疲れてしまう。なるべく人と交わりたい、受け入れられたいという気持ちがある一方で、やはり一人になる時間、自分のペースで行動できる時間がとても大切なのだ。

葉山さんも最近は働くアスペルガーとして、意見を求められる機会がある。

「でも、これが修行と思えればいいけれど、ほかの自閉症当事者の人たちには、そこまで厳しくして、どうしても仕事に就いたほうがいいとか、とても言えない」

「予測」というコミュニケーションの潤滑油

次の作品は、髪を美容院でベリーショートにカットしてもらった数日後、道で友人と出くわしたエピソードがもとになっている。

友人から「あー、髪切った?」と聞かれ、葉山さんは思わず友人が髪を切ったと思ったので（でもそうは見えない）、びっくりして質問をオウム返ししてしまった。左側のコラム

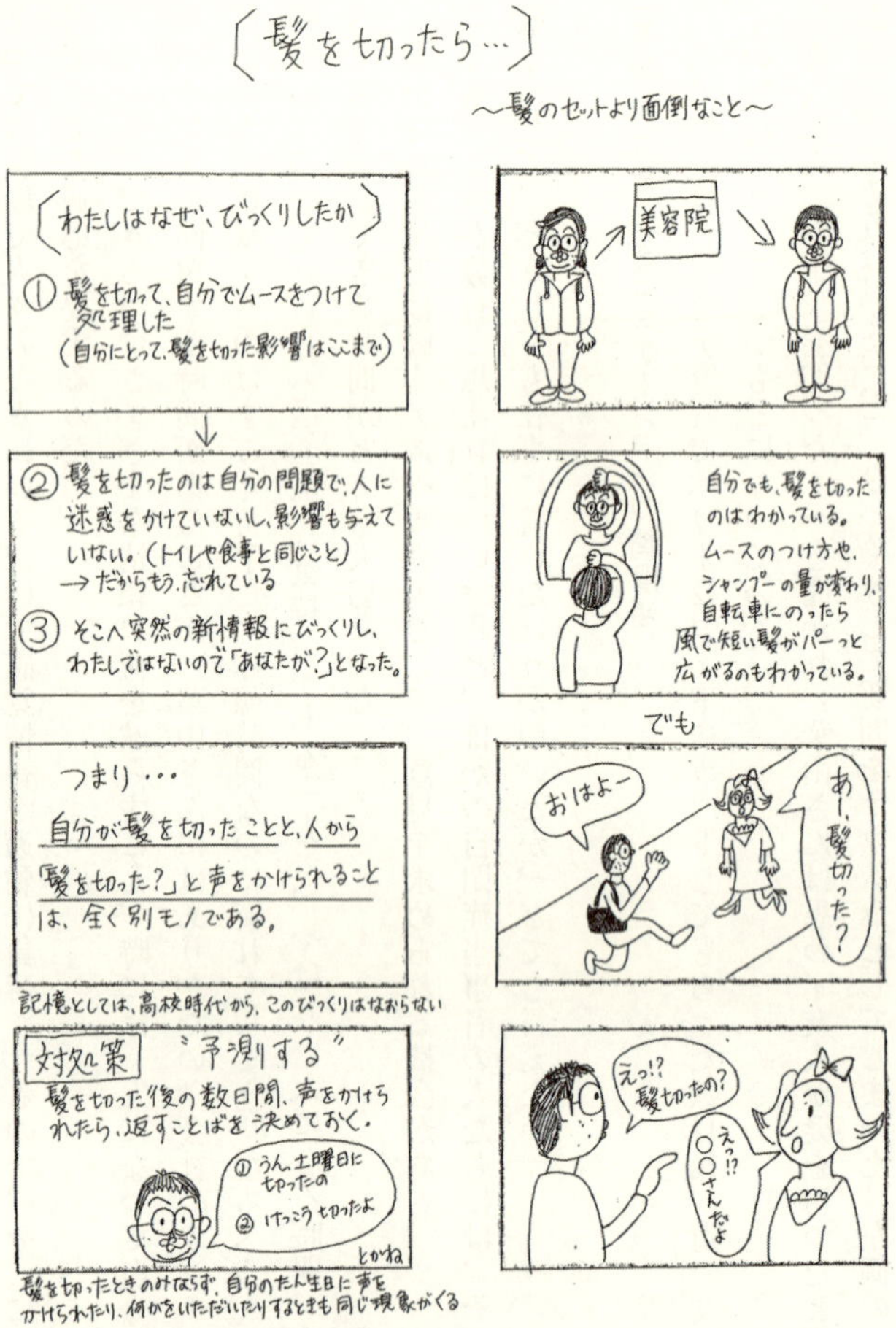

髪を切って得た気づき（一部画像を加工した）

には、葉山さんのそのときの「気持ち」が文字で描かれている。

これはマンガの絵だけを見ると、自閉症の人によくあるオウム返しの反応で、臨床家が「エコラリア」（反響言語）と呼んできた現象のように見える。他人から発せられた言葉をそのまま模倣ないし反復するので、他者との関係性が一方通行になりやすい。

しかし、葉山さんの気持ちとしては、単に反復したわけでない。数日前に髪を切ったことは、自分の問題で人に影響を与えることではなく（トイレや食事と同じ）、すでに日常になっていて忘れていたので、相手にとっては新しいことだという視点が抜けていた。そのため、思わず出た言葉だった。他者にとっては自分の姿が以前とかなり変化しており、だからそのことを質問してくる、という相手の心の動きや視点がピンときていなかったのだ。この作品には、葉山さんのビックリハウス状態が描かれている。

今では葉山さんは、その対策として「髪を切った後は、しばらくそれについて質問される」という対策をマニュアル化している。声をかけられたら返す言葉まで記憶するのだという。

そもそも予測は、行為から次の行為へと移るつなぎ目で潤滑油となっている。潤滑油である予測がうまく働かないと、次の行為へ移るスピードは当然遅くなる。だが、自閉症スペクトラムの人は、一貫性のないバラバラのつながりとして人生を経験していることがある。つまり物語がないのだ。物語がないと予測も働きにくい。葉山さんにとっては、漫画を描いて自分の物語をつくることは、自分を知ること、そして生きにくい世間で予測に代わる物語を紡ぐことに通じていたようだ。

アスペルガーの当事者で、言語聴覚士としてセラピーにも関わっている村上由美さんは次のように書いている。自閉症の人はよく想像力に問題があると言われるが、実際には「これは別の角度から見るとこうなる」とか「こうすればこうなる」というように、物事を結びつけたり推測したりすることが下手なのだ、と（『アスペルガーの館』講談社）。物語を得ることは、この結びつきをやりやすくする。

葉山さんは、自分の主観的な気持ちと、外の世界の反応を対応させてマンガに描くことで、自分の反応を客観視し、整理することができた。それはセルフ・ノレッジ（自己を知ること）の深化だ。違っているからといって、それが劣っているというわけではない。しかし、定型であっても非定型であっても、自分のものの見方、感じ方の特性を知ることは、自分のためにも周りの人々のためにも大事なことだと思う。

セルフ・ノレッジの深化については、たとえばラレさんが「僕も二〇年間ですごく進化しているよ」と私に語っていた。セカンドライフというアバターのコミュニティでの経験も、ラレさんの自己認識に貢献しているのだと思う。

猫の粘土か、粘土の猫か

葉山さんとの話はどんどん深くなりそうだった。初めての出会いでもあったので、再会を期して切りあげることにした。

二度目の機会は、私が勤務するニューヨークの大学での秋学期授業が終了した後の正月休みの時期に訪れた。小田原のあるホテルに会議で滞在していたとき、葉山さんがわざわざ数時間もドライブして、訪問してくれたのだ。私もまだまだマンガについて知りたかったし、葉山さんもまだ話したいことがあると言ってくれた。そこで、思い切って一泊二日の泊まり込みセッションを設定した。感覚過敏がある葉山さんは、ロビーなどではなく、静かなホテルの部屋で二人だけで話したほうが落ち着くようだった。

ホテルの部屋の目の前には、静かな新春の太平洋の海原が柔らかい冬の日差しに照らされて薄銀色に光っている。海を眺めながら並んで、マンガを真ん中におく。まるで振り付けのないダンスを二人で踊っているように、対話は深く深く進んでいく。それはラレさんのときと同じだ。葉山さんの世界に入っていく。

まず見せてくれたのは、猫の彫刻のマンガだった。

この作品は、葉山さんが美術館を訪ね、粘土で作った猫をじっくり鑑賞していたときに

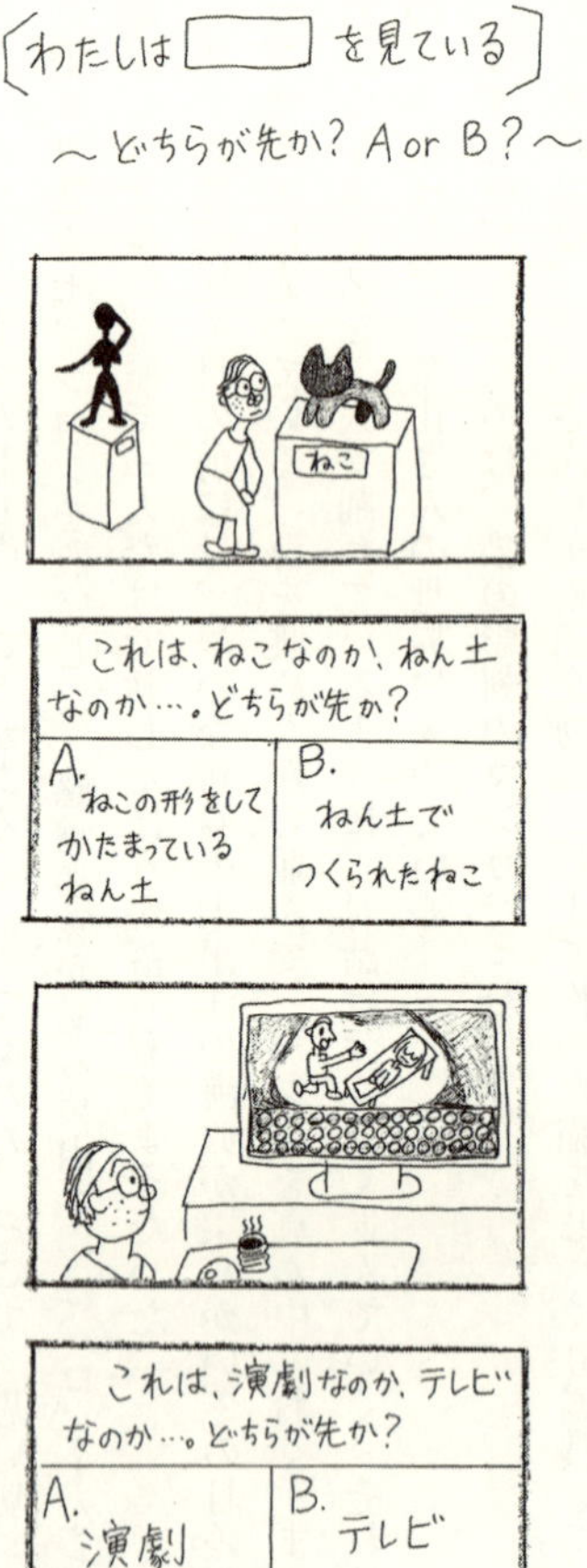
わたしは□を見ている
〜どちらが先か？ A or B？〜
ねこ
これは、ねこなのか、ねん土なのか…。どちらが先か？
A. ねこの形をしてかたまっているねん土
B. ねん土でつくられたねこ
これは、演劇なのか、テレビなのか…。どちらが先か？
A. 演劇
B. テレビ
どちらが先かわからなくなる？


心の中で起こっていたことを描いている。

「深い黒光りした猫像でした。わたし、初めはそれを生身の「猫」として、三毛猫、シャム猫、粘土猫のように、猫として観ていたんです。うちのそばに猫が来る場面の記憶を呼び出していたんだと思います。

　で、突然この猫は、そう言えばミルクを飲まない、と気がつきました。それから今度はどうしてこの猫は、毛や肉や血でなく、粘土でできているんだろう、と考えていたんです。それからやっと、これは猫ではなく、粘土ではないか、とわかりました。

でもそのときは、猫と粘土、どちらが先か、しばらくわからなくなったのです。今はわかりますよ。粘土は材料で、猫は象徴の対象物だったことが。でも猫の形をして固まっている粘土でもあるじゃないですか。どっちが先？　わたしにはそこが概念化されていなかった。でもその粘土の猫はとてもよくできていて、生命力や躍動感にあふれたエネルギーを放出していて、わたしに生身の猫と同じものを与えたんです。だから猫だと、先に思ったのでしょう。いい作品でした」

偏りが特性として活きる

彼女のこの言葉には、非定型インテリジェンスのなかでも自閉症スペクトラムの人々によくある見方の特徴のいくつかが現れている。

このマンガは「順番はどちら」と問うているが、そこには継時的に流れる時間の順番の意識はない。あくまでも、葉山さんの主観的経験を突き詰めて分析しているのだ。

さらに、自閉症の人は一般的に全体を俯瞰して情報を統合するより、まず細部を深く見ていく人が多い、と言われている。ひとつの絵や彫刻からは、材質や細かいテクニックから色彩や象徴されているテーマ、作者の意図までさまざまなレベルの情報が同時に発信されている。普通の人は、そのなかから「常識的」な線にそって素早くさまざまな錯綜する情報を手早く統合していくわけだ。

葉山さんは、まず近所で見たことがある猫の視覚的な記憶を喚起して、これは生きている猫と並ぶ猫の一種「粘土猫」と考えた。定型の人は「粘土が猫の形に固まっているだけかもしれない」という可能性は、初めから無意識に情報処理の対象に入れないだろう。その常識の一部には、「ここはアート作品を並べる美術館で、粘土を並べるところではない」という文脈の認識も入っているからだ。

そうした定型的な神経構造の人の見方は「効率的」である一方、「常識にとらわれている」とも言える。ところが、非定型の認知構造の持ち主である葉山さんのような人には、一般人が共有する常識的な全体像や文脈にひっぱられることがない。独自の美的な体験をしていると言えるかもしれない。

そこでは、猫のイメージが言葉として概念に括られる以前に、視覚記憶を媒介とした直接体験として感じられていて、それが粘土の猫と共鳴する。一つ一つの情報を細かく処理して積み上げていこうとする認知の方法は、全体の統合には時間がかかるし、日常生活では効率的ではないかもしれない。

しかし、こうした認知の方法は、アートの鑑賞の仕方としては、表面的な既成概念に縛られるのとは別種類の、深い体験をしているといえるかもしれない。サルバドール・ダリは、夕食で食べた溶けるカマンベールチーズと寝室の壁に掛かる時計という二つの視覚的イメージを一瞬重ねて体験することで、シュールレアリスムの名作《記憶の固執》を描いた。葉山さんの脳内世界も、かなりシュールなのだろう。

「同じように、演劇をテレビで見るというのも複雑な体験です。テレビを媒体に演劇をみると、テレビのルールに制限された演劇になります」

葉山さんはマンガの説明をつづける。

「たとえば、本当の劇場の舞台演劇がテレビで放映されたときなど、女優さんの横顔がカメラでアップにされたりして、劇場の客席で見るのとはまったく違う経験です。疲れているときにテレビで舞台演劇をみると、テレビのカメラワークやら音や視点のズレが気になって、つまりテレビというモノが送ってくる情報が先に入ってきてしまい、演劇が後回しになり、ドラマの話の展開が追えないときがあります。わたしはモノに親しみを覚えるというか、モノから学ぶことがよくあるのですが、脳が疲れている場合は、それが裏目に出ているというか、演劇の鑑賞自体の邪魔になることがあるわけです」

こうした場合、一般の人は、テレビカメラのアングルや視点にはほとんど気がつかないで（または気がついても気にしないで）、ドラマのストーリーだけに集中するだろう。つまり、テレビと演劇の製作者両方が「仕組んだ企み」にまんまと乗せられて、演劇を楽しむことができるのだ。けれども葉山さんのような人には、この企みの部分やテレビというモノが発する部分が気になって、ストーリーを追う邪魔になる。

けれども、私は一瞬想像を逞しくした。もし彼女の職業が、たとえばテレビや演劇の批評家だったら、どうだろう。一般の人が気がつかないような技術や演出の細部の企みを指摘して、視聴者により深い演劇の見方を指摘できるかもしれない。

認知の偏りは、認知の特性として生きる場合もあるのだ。

自分と他者の境界がつきにくくなる

そんな彼女も、最近の日常はストレスや情報の過剰負担、そして毎日の仕事のストレスから疲れ果てていることも多い。もう限界、と悲鳴をあげることも多い。頼まれると残業などでがんばりすぎてしまうことがあるのだ。それは前に述べた彼女の過剰適応の傾向でもあるのだが、実はそれだけでもない。彼女の自閉症的な認知の形がそこに影響している。

「わたし、自他の区別がつきにくいというか、相手が思っていることと自分が思っていることは違うはずなのに、班長が「残業してほしい」と言っていると、わたしも残業したいと思っちゃうというか」

ここは定型の人間にはわかりにくいところだ。私が「上司の言うことを必要以上にきいて必要以上にがんばってしまう、というのは普通の人でもあることですけど」と聞いて見ると、葉山さんはそれもよくわかっているようだった。

「定型の人の場合は「嫌われたくない」って思って、がんばってしまうんでしょうね。でも、わたしの場合はちょっと違う。「残業をしてもらいたい」と言われた瞬間に、残業したあとにこの成果が出るなって、パッと映像が絵として出てくる。すると楽しくて、そのときの体調とか周りの状況とかを考えないで、素敵なイメージが出てきてしまう。もう「残業できる?」って言われた時点で、残業できちゃうんです。イメージが湧いてくるんですよ。もちろん頼りにされているのも嬉しいのだと思いますが」

こういう話を聞くと、葉山さんの認知はやはり絵で考えるタイプであることがわかる。しかしそれだけではない。葉山さんの認知のもう一つの特徴に、時空を超えて彼我・自他の彼方に入ってしまう傾向がある。

自閉症スペクトラムの人々のなかには、まるで他者が自分の一部のように感じてしまう人がいるのだ。アスペルガー的な人が、社会的に力のある人である場合、つまり会社の社長だったり、家族のなかでも強い立場にいる人だったりすると、他人をまるで自分の手足のように使うという支配的な行動になることもある。自閉症的傾向のある人が、常に社会的弱者とは限らないからだ。

しかし、逆に受動的な立場にいる人が自閉症当事者の場合、つい自分のほうから相手に同化してしまい、過剰な適応になってしまうこともある。彼我のボーダーを越えて、相手の目指すものと同化してしまうのだ。

この自我の境界線が弱い傾向は、葉山さんの場合、時間という軸ではタイムスリップがよく起こることとも結びついている。彼女のなかでは、昔のできごと、昨日のできごと、そして現在が順番に綺麗に並んでおらず、過去のできごとが現在のことのように感じられてしまうことがある。つまり、時の継時的観念が薄いのだ。そのことが、イメージがパッと浮かんで、残業が自分がやりたいことのように思ってしまう、ということにつながる。

別の言葉でいえば、葉山さんの独特の世界の一つの特徴は、ボーダレスであるということかもしれない。それは、時間や空間の認識に現れることもあるし、自他の区別があいまいであるということなのかもしれない。

自閉症の子どもは、呼びかけられても人の存在に気がつかなかったり、過去と現在の遠近感が違ったりする。つまり神経科学的に言えば、脳の神経構造が違うためと言えるが、哲学的にいえば世界の与えられ方が違うのだ。だからこそ、自閉症スペクトラムの人々の認知のあり方は、定型の人々が不動の所与のものと見なすものを疑うきっかけにもなる。われわれが見ている世界だけが、世界のあり方ではない――というのはすべての人間にいえることなのだ。

「日付のない写真」のような記憶

葉山さんは言う。

「わたしの世界には、時間も空間もありません。おはようからおやすみまで、わけがわからない時空を生きています。強いて時間のことをイメージするならば、すれ違うエレベーターのようです。わたしは上へ行くエレベーターに乗っていて、時間は下へ行くエレベーターに乗っています。時間はわたしの外をわたしとは関係なく流れていきます」

実際の葉山さんの生活、とくに工場で仕事をするようになってからは、なんとか外の時間と折り合いをつけなくてはならないので、メモをとったりカレンダーやアラームを活用したり、ありとあらゆる方法を駆使する。時間を体に染み込ませるように、カレンダーの今日の日付を、トントンと指で叩いたりもする。葉山さんの場合、やはり記憶は画像ですが、その記憶画像と時間がうまく関係付かないのがとても困るのだという。

単に記憶力が悪いと普通の人は思うかもしれない。しかし、葉山さんの場合は、まず記

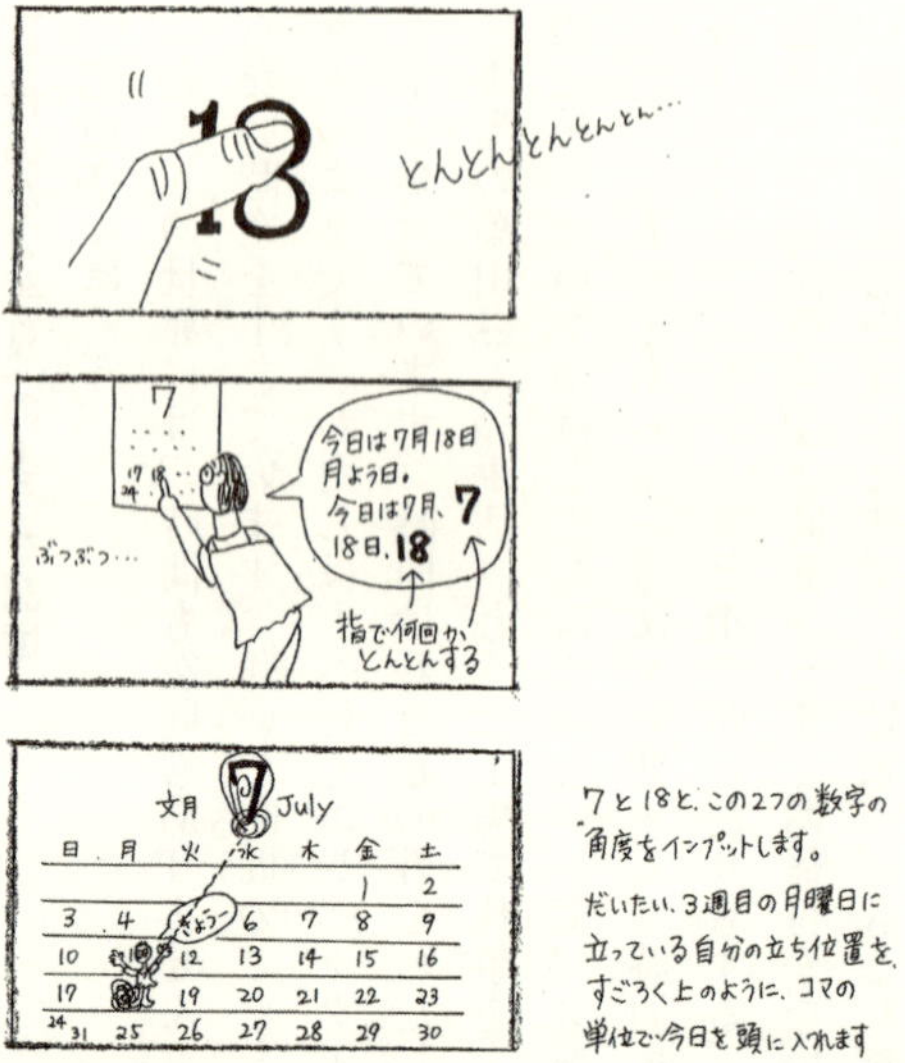

とんとんとんとんとん…
ぶつぶつ…
今日は7月18日
月よう日。
今日は7月、7
18日、18
指で何回か
とんとんする
文月 July
日 月 火 水 木 金 土
7と18と、この2つの数字の
角度をインプットします。
だいたい、3週目の月曜日に
立っている自分の立ち位置を、
すごろく上のように、コマの
単位で今日を頭に入れます

指で叩いて記憶する

憶が画像として入る視覚優位の人なので、その画像と時間の継時的感覚が結び付きにくいのが問題なのだ。

彼女の画像は、日付のない写真のようだ。デジタル時代になる前は、よく大きな箱にバラバラに大量の写真プリントが入って保存してあったりしたものだ。そうなると、いつの写真かわからなくなる。そんな日付のない写真プリントのようなメモリの方法をとる人は、逆にフラッシュバックのように過去の記憶が、鮮明に視覚的に蘇ることもある。葉山さんがよく経験するタイムトリップもその一種だろう。トラウマの記憶の場合だと大変だ。しかし、過去の楽しい美しい記憶が湧き上がる場合もある。

ただし彼女の場合は、視覚優位といっても二次元の視覚記憶で、ラレさんのように奥行きがあるものが好きで、３Ｄ空間の感覚があり、ビデオ映像のような動きのある世界が好きな人とは違う。

葉山さんはむしろ奥行きの認知は苦手で、空間的な三次元の認知は弱いのだという。だから工場で、上司に指さされて「葉山さん、あそこにそれを置いてください」と言われてもわからないときがある。空間上の「あそこ」がピンとこないのだ。

この三次元の奥行きに弱いという認知の偏りは、置かれた空間全体を関係性でとらえるのが難しいということでもある。３Ｄの認知が、空間だけでなくその他の社会生活上の認知にも影響がある、と考える研究者もいる。発達障害児の臨床研究に長年携わってきた宮尾益知さんは、人との距離感がわからない、顔の表情がわからないといった症状は、３Ｄの認知に障害があるために、対人関係社会性の障害が生じていると推測している。私はそこまで空間認識の問題と社会認識の因果関係を普遍化できるか断言はできないが、そこに一つの共通するパターン認識上の問題があることはたしかだ。

「マンガを描く」というセラピー

葉山さんは三次元の感覚に弱いが、記憶は写真のような二次元の画像でまず入り、画像を重ねるように考える。だが、継時的にはうまく記憶されないのだ。

「たとえば桃太郎の紙芝居でも、ばらばらに一つ一つの絵が記憶されるので、その順番、たとえば、まずおじいさんが芝を刈り、おばあさんが川で洗濯、そこに桃が流れてきて、という風に順番に覚えていないんです」

でも、葉山さんは今、私に論理にそって例を入れながら、自分の認知のくせをとても上手に説明してくれている。

「それは漫画を描くことで鍛えられたんです」

彼女が、自分の考えをまとめるため、二次元的表現のマンガ、それも遠近や濃淡のあまりない線描で描き始めたのは、認知の特性に導かれた自然のチョイスだった。さらに、複数のコママンガのような表現は、ばらばらの画像記憶をキチンと時系列に論理的に並ばせることで、自分の感じていることを整理し、自分にも人にも説明しやすくする役割もあったはずだ。つまり、マンガ、とくに複数コマのマンガは、彼女の時間のない画像的記憶を継時的に編集し置き換えて認識し直す作業だった。

だから、葉山さんのマンガは、自分の認知特性に合わせて自分で開発したセラピーだったのだ。読者を想定したマンガだと、もう少し絵だけで言いたいことがわかったほうがいいのかもしれないが、それ自体が自分探しのためのセラピーと考えれば納得がいく。

ところで、画像的記憶のいい人が、必ずしもどんな形でインプットされた記憶も良いとは限らない。視覚優位の記憶のメカニズムを持つ人のなかで、歴史上の天才と言われる人の一人に、進化論を唱えて人類社会の過去と現在の見方に変革をあたえた科学者、チャールズ・ダーウィン（一八〇九－一八八二）がいる。

ダーウィンは有名な博物学の旅行記を書いたが、実際の旅行から随分あとに執筆したのに、その素晴らしい画像的記憶力で動物や植物、その環境のあり様を目に見えるように描写することができた。しかし一方でそのすぐれた記憶力は、視覚によって喚起できる場合だけに限られていて、数字や言葉から入ってきたものは数日以上覚えていられたことがなかった、と本人が記している。

葉山さんの場合は、彼女の記憶や想像力の中心は画像なので、それと認知の弱い部分である時間の感覚と結びつかないのが問題なのだ。記憶とはなんと複雑なものだろう。

葉山さんは言う。

「空間の感覚が乏しいのも、とても大変です。工場でも、家にいるのかどこにいるのかわからなくなることがあります。休憩時間でホッとしているときが危ないですね。脳疲労がひどい入社当時数年間は、仕事中のトイレは和式に入っていました」

自宅のトイレは洋式なので、会社でも洋式トイレに入ると、家にいるような気がして、仕事中の休憩時間であることをフッと忘れて、心が何処かに飛んでいってしまいそうだったからだ。

時間の波の渚で

そうした時間や空間の感覚について、葉山さんは私たちが座っているホテルの部屋の窓の外に広がる海に目をやりながら、「波打ち際に立っていると、波が引いては寄せ、寄せては引いていきますよね。あのなかに立っている感覚です」と説明しだした。

葉山さんは、波打際に立つ自分を描いた一枚のマンガ作品を取り出した。

「このマンガ、セラピストの方たちにも意味がわからないと言われるんですけど、わたしの時間と空間の感覚を描いているんです」

夏の日、キラキラと光る透き通る水がたゆたう海辺の波打ち際に立っていると、波が自分のまわりをまとわりつくように動き、自分も動いていくような感覚を覚えたことはないだろうか。動く水は浅くても結構重くて、足元の砂もさらさらと流れ去り、自分が流されるような感覚。葉山さんにとって、その波こそは時間の表徴だ。

「時の波が寄せては引いていく、そのとき、わたしはすぅーっと移動していくのです。自分が動いているのか、波が動いているだけなのか、それはよくわかりません」

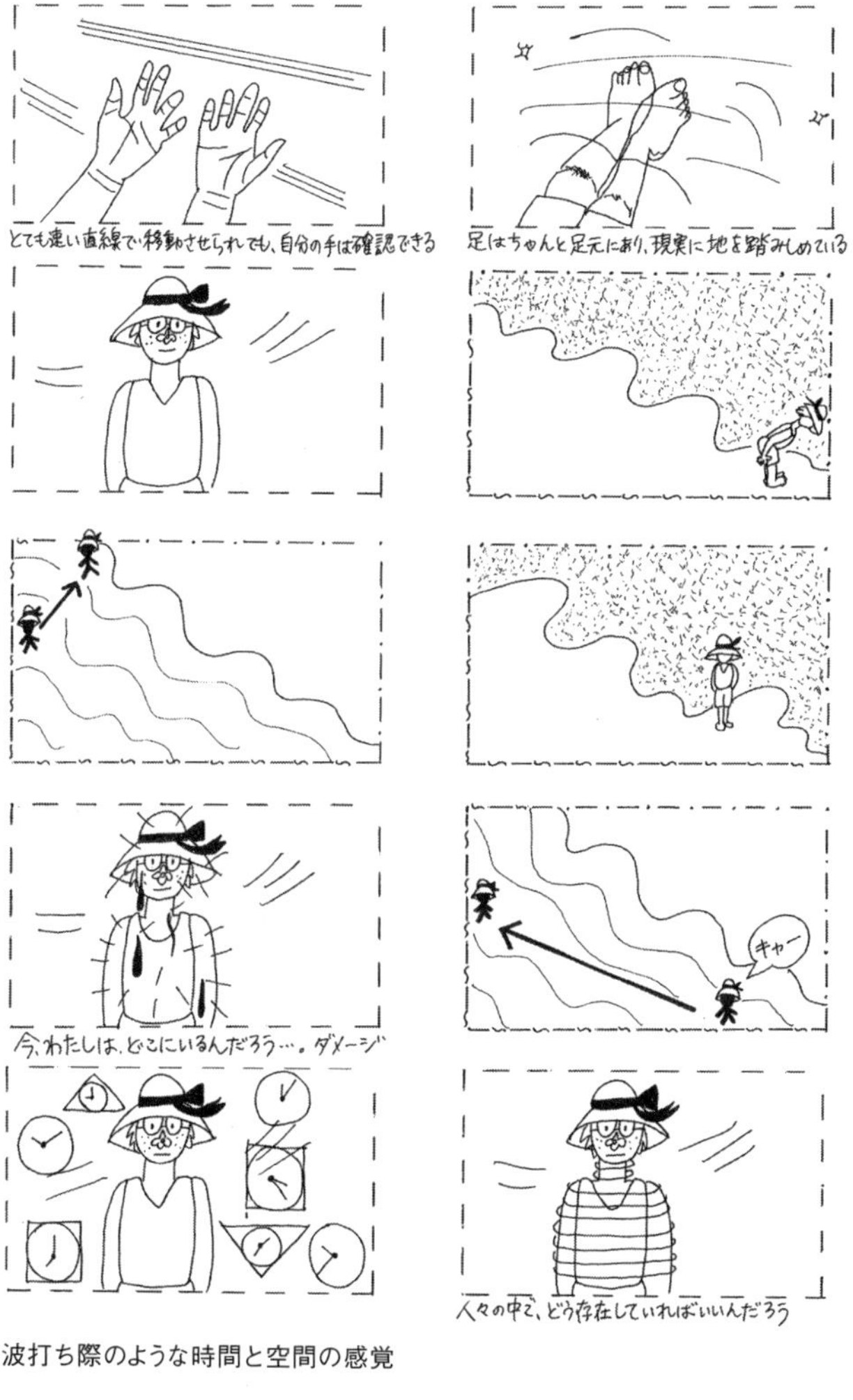

波打ち際のような時間と空間の感覚

そう、ラレさんの世界の分析でも語ってきた、相対的な時間の世界だ。物理学的にいえば、時間がなければ運動、つまり移動はありえない。でも葉山さんの主観的経験では、気がつくと時間が経ち、自分の立ち位置は違っている。

自分は移動しているけれど、時間は自分と関係なく流れている。渚《なぎさ》にたたずむ葉山さんは、時間の波に勝手に流され翻弄されている気がして、思わず自分の手を見つめる（そこが一コマ目だ）。足もみつめる。たしかに自分はそこにいると確認する。でも自分は移動している。

「とても早い速度で波に移動させられると、まずは自分の身体がちゃんとあるかもわからないので、物体として存在しているのか手足を確認したくなるのです」

自己の同一性が失われそうになるとき、自閉圏の人たちのなかには、手を振ったりする常同的身体動作が出る人もいる。コラさんはそうした動作が、発作が起きそうなときに自分を確かめ落ち着かせると言っていた。葉山さんにはそういう癖はないけれど、自分の手や足を見つめる動作によって、自分の身体感覚を確かめ、時間空間のなかで自分の位置を再確認しているのだ。

このマンガでは、波の時間に翻弄されて、葉山さんは時間が経ったというはっきりした変化の感覚がないまま、空間的にも別の場所にいる自分を発見する。

「急にトゲに刺されて意味不明なまま血を流しているコマは、定型の人から意味不明な要求を押し付けられるとき。

時間がわからないくせに、たまに時間について考えると、アナログのような連続体ではなく、時計のその一瞬の顔（針の向きでいろんな表情をします）だけがいくつも出てきます。前に進んでいるのか、戻っているのかすらわかりません。

最後のコマのリングに縛られた自分は、周りの状況がまったくわからないので、時間空間のなかでどう存在していいかわからず、とにかく自分をギュッと締め付けて、静かに動かないようにじっと立っている努力をしているところです」

「をかし」は美しい

最後に葉山さんが、最初のメールで「わたしの世界は、本来、美しいもの、楽しいものにあふれています」と語っていたことについて再度聞いてみた。どんなものが美しいと感じられるのですか、と。

「明るく知性的な美を表す古語の「をかし」みたいなことです」

葉山さんは清少納言のような答えを返してきた。

「綺麗で愛らしいということ、それに「素晴らしい」とか「見事」とか「面白い」「興味深い」「こっけいな」とか、「をかし」という言葉で表せることはみんな美しい。たとえば論理的におもしろいユーモアとか言葉遊びのジョークとか、回文とかはみんな美しいです。あと数式ですね。意味はまったくわからないのですが、数字が揃っているのを見ると美しい。あとは、純真な子どもが一生懸命お使いをしている様子とか。愛しくて美しくて、なんでか涙が出てきます。

それに、モノで本当に美しいものがあります。ミュージカルの『サウンド・オブ・ミュージック』の「私のお気に入り」って歌、ご存知ですよね」

ああ、それは私も知っている。映画版では、主演のジュリー・アンドリュースが寝室の窓の外の激しい嵐と雷を怖がる子どもたちの前で、うっとりと好きなものや綺麗なものを数え上げて、嵐を忘れさせるシーンで歌われていた。そのシーンは、第二次世界大戦前夜のオーストリアで、どんなところにも幸せを見出せる主人公のマリアの強さを象徴していて、印象的だった。

バラの花びらに宿る雨粒と子猫のおヒゲ
ひかる銅のヤカンとあったかいウールのミトン
紐でしばった茶封筒でできたパッケージ

これはみんなわたしのお気に入りのもの

葉山さんは言う。

「最初、この歌詞を見たときはびっくりしました。みんな本当にわたしの好きなものです。とくにわたしは茶封筒が好きで、使わないのに家にためてあるのですが、新品ではなく麻ヒモなんかに結ばれ、使われて旅をしてきたくたびれ感に美しさを感じます。こういうのはNT（定型神経発達）の人たちも好きなんですね」

そういえば清少納言も、「いとをかし」と彼女が感じるもののリストを作るのが上手だった。

美しいものとは一体化する

でも葉山さんとNTとは、美しいものへの感じ入り方が違うところもある。葉山さんはこのように言う。

「アスペルガーのわたしは「自我」というバリアがフリーです。つまり、この曲の中にある歌詞の、対象物を思い浮かべた瞬間には、わたしはそのものに「なってしまう」のです」

つまり「そのものになった気持ちになる」というなまやさしいものではなく、「その美しいものの一部になる」のだという。

「たとえばわたしの家の近所に、両脇に川が流れ、木が生い茂る、狭い土手道がありまＳ。休みの日にゆっくりしたいときなど、朝日が川面や草木に当たって、とてもキラキラした大好きな光を見てしまいます。見ていると吸い込まれて、わたしがキラキラの一粒になります。息を吸って彼らを吸い込み、わたしの体内からすべて丸ごとまさに光です。

これはたとえではなく事実です。その美しさと同一化したら、美しさの一部になってうれしくて、楽しくて、うっとりと気持ちいい感じです。温泉に入って効能が体に染み込んできいてくると、自分が温泉の湯になった感じがしたことがありませんか。美しいものと一体化するのはちょっとそんな感じです」

それから葉山さんは、彼女のものの見方に近づくために、私がどんな認知実験をしたらいいのかを考えてくれた。たとえば、絵画の好きなところ一点を集中して見続ける、青い入浴剤を入れて頭までかぶってみて水と自分を一体化させると想像する、など。

なるほど、なるほど。とても面白い。でも、私のようなNTには、本当のモノとの一体感を感じるには、自己と他者の区別や時空の概念も外さないと難しいかもしれない。

価値観のバリアフリー

禅の教えは、よく無我を会得することと言われる。自他・主観客観のバリアを外し、既成概念を外し、あるがままの赤子のような心で無心に世界を感得する。それは、禅の修行の一つの目標である。いや、目標という作為へのがんばりでなく、主客の縛りを離れた己の本来のすがた自体を了解すべし、と。

私はワイオミングの丘のうえで交わした、ラレさんとの対話を思い起こしていた。自閉圏の人の認知特性と、世界をまるごと経験する直接体験についての深い対話だった。

禅に限ったことではない。自我とさまざまな既成概念が発達した一般人のために、その枷《かせ》をはずし、本来の自己をとりもどし、直接体験の深みに入っていくさまざまな瞑想法や意識の深みへと向かう修行は、さまざまな文明で開発されてきた。そのゴールとしての無我の深みと、自己と他者、時間の観念を、葉山さんのような自閉圏の人々の持って生まれたボーダレスの世界と同じとすることはできない。しかし、その両者はどこかで地続きで交差するところがある。

葉山さんは、彼岸と此岸の差のない時点から、すべてが区切られ、文節化され、概念化されたこの世界に一生懸命近づこうと自分を殺して歩んできた。でも、自分本来の美しい世界も、自分のなかの隠れ家においてある宝石箱のように大事に育んでいる。その自我のバリアのない世界から、こちらのNTの世界に出てくることを彼女は「修行だ」と考え、一つ一つのNTの概念（常識）を学んでいった。

だから、最初にもらったメールの中にあった言葉、「最近はアスペルガーのわたし独自の認知世界を離脱しました」という一見奇妙な言い切りが出てきたのだ。概念に縛られた自己を脱却しようとして座禅に励む修行のベクトルと、葉山さんが自閉的認知の世界から離脱しようと「修行」するのは、それぞれベクトルの向きが正反対だけれど、どこかで全球的な知性のスペクトラムはつながっているのだ。

彼女と美しい世界の話のあと、私は「アスペルガーで良かったこともあるのですね？」と尋ねた。

「はい。それにわたしの世界は、価値観もバリアフリーなんです」

彼女の世界観は、人の関係がフラットで、社会の上下関係のある秩序がピンとこない。仕事を始めたころは、上司の言うことが同僚やバイトの人の言うことよりも大事だということが、よくわからなかったらしい。たしかに、それではちょっと自分も周りも大変そうだ。でも、それでいいこともある。

「製造工場の現場でわたしが務めている雑用係とは、ネットで調べてみたら世間的には「パシリ」とか新人の仕事なんですよね。でも、わたしにはそんな感覚がない。わたしはいつも同じものを補充したり、並べたり揃えたり、仕分けしたり、ラベルにスタンプをきちんと綺麗に押したり、掃除をしたりするのが大好きです。綺麗に揃った世界にすると美しいと思います。わたしは職場で、人の距離感がわからず、「おせっかいで失礼なやつだ」「人の気も知らないで」とか思われることも多いんですけれど、好きな雑用係の仕事では人からたまには感謝してもらえます」

窓のむこうにひろがる柔らかな冬の光に照らされた海原を一緒に眺めながら、今年は彼女の世界がこの海のように静かに穏やかに、そして彼女らしく輝くことを祈りたい気持ちになった。

第5章　「うわわオバケ」が開いた世界

——高橋紗都さんの場合

ギターを手にした白雪姫

非定型インテリジェンスの持ち主を訪ねるときは、やはりドキドキする。そこに未知の意識の領域が幾重《いくえ》にも広がっていることが多いからだ。

ある早春の週末、私は、大阪北部のカルチャー教室に設けられたクラシックギターのコンサート会場にいた。ステージに上がるのは高橋紗都《さと》さん。私が会場に到着したときは、一〇〇人超の人々が会場を埋めていた。手作りの雰囲気ある会場は、音楽用に作られたホールではないけれど、チケットは完売だ。

清楚で大きな瞳が印象的な高橋紗都さんは、一九九六年生まれでこのとき二〇歳。九歳のときにアスペルガー症候群と診断されている。幼いときから感覚過敏が激しく、学校にはほとんど通えないほどだった。

その日の紗都さんは、白いステージ衣装に身を包み、透き通った風に乗って舞い降りた白雪姫のよう。彼女が登場すると、会場に自然と拍手が沸いたが、拍手のかわりにそっと手のひらを反対の手の拳で叩く仕草をする人もいる。紗都さんの手ひどい聴覚過敏を知る、子どものころからの友人や支援者と思われる。しかし紗都さんは、いずれのやり方の拍手にも動じる様子もみせず、これから演じる曲を凛《りん》とした声で説明し始めた。

やがて、紗都さんのギターから、柔らかく光る真珠のつながりのような音が溢れ出る。

スポットライトの中心に座って、落ち着いてギターを手にとる紗都さんが、子どものころから感覚過敏が強く、教室に座っていることができなかった自閉圏の人とはほとんど信じがたい。

初めのうちは「サトちゃん応援団」といった感じで座っていた人々からも、一曲が終わるごとにため息が重なるようなどよめきが沸いた。彼女の発達障害という背景ではなく、その音楽自体が聴衆の心にたしかに響いている。

「うわわオバケ」の発見

紗都さんは小さいころから聴覚、視覚、触覚、嗅覚、味覚とほとんどすべての感覚に強烈な感覚過敏の症状があり、身体感覚や内臓感覚も人より繊細だった。

たとえば心臓の鼓動はいつも感じるし、食べたものの種類や量によって、胃や腸の感覚が変わることも敏感に感じ取っている。だから、複雑な味のものよりシンプルで消化にやさしい食べ物が好きだ。多数の食品が混ざった味を楽しむようなもの、たとえばサンドイッチなどは苦手だ。食べ物からくる情報が多すぎるからだという。

子ども時代の紗都さんは、多数の子どもが発する音や匂いなど、次から次へとさまざまな情報がわきでてくる教室にいることが苦痛だった。子どもたちが着ているバラエティー

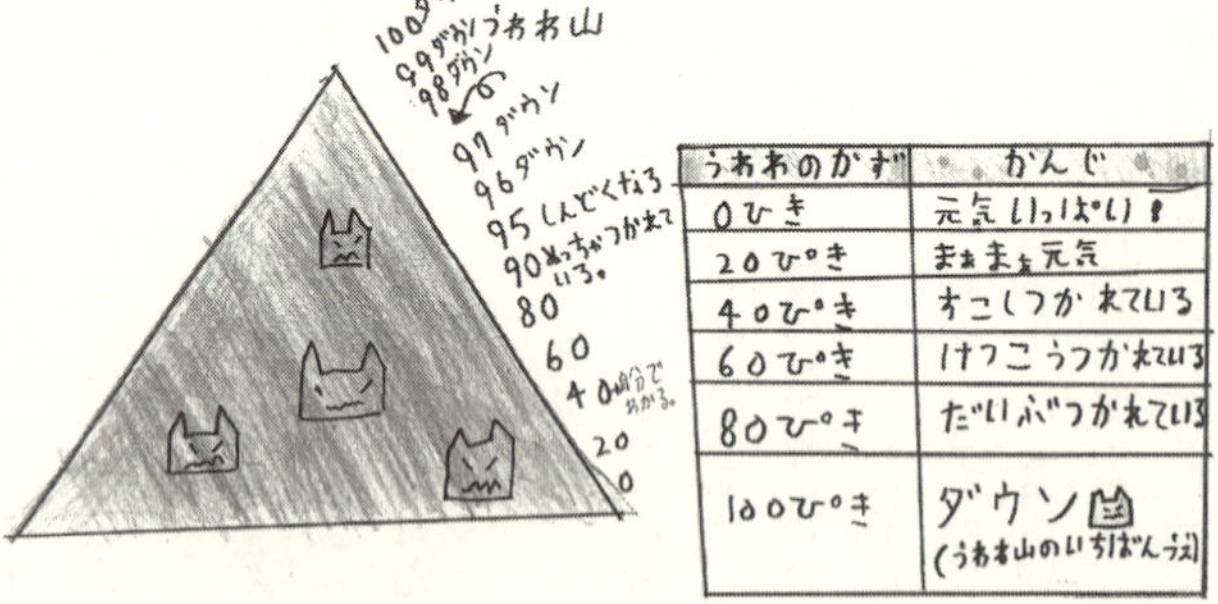

「うわわオバケ」の数が多いほど疲れてしまう

に富んだ色や模様の洋服を見ると、情報が多すぎて目が回りそうだった。

幼児のころからこの感覚過敏に襲われていたが、初めのうちは泣き叫んで幼稚園を嫌がる以外、自分の感覚を大人に訴える術もなかった。楽しみにしていた小学校も、行ってみるとても耐えられる環境ではない。紗都さんが小学校にあがるころには、両親は「普通の登校拒否とは違う、なにかある」と思い始めた。

紗都さんは、感覚過敏が起こると「うわーっ」となってつらくなるのだと思い、そのことを母親の尚美さんに訴えた。それに対して「「うわわオバケ」が出たんだね」と言った尚美さんの表現が、紗都さんの気持ちにぴったりとはまった。紗都さんにとっては生まれたときから当たり前の世界で、他の人も同じ感覚だと思っていたので、なにが大変できついのかを説明できなかったのだ。

この「うわわオバケ」という言葉を得たことで、紗都さんの世界は広がった。感覚過敏がつらくても泣き叫ぶことしかできなかった紗都さんが、外界と自分の内部の感覚を言葉によってつなぐ術を得たのだ。

自分を理解するきっかけ

そのころは「うわわオバケ」の種類と、それが何匹いるかという言い方で、自分の大変さを説明していた。家にいてもエアコンの音がいつも響いているので、「うわわオバケ」が全部消えることはめったにない。何匹かはいつも自分のなかに住み着いているという。

小学生のころ学校に通えなかったのは、「うわわオバケ」が積み上がったからだという。紗都さんは「学校は火事になってボウボウ燃えてるねん。火事になったら逃げたくなるやろ、そんな感じ」だったと、とても生き生きした言葉で語るようになった。一見ただ泣き叫んでいるだけに見える現象も、紗都さんのなかではきちんとした理由があったのだ。

それからご両親は、紗都さんを無理に登校させず、家庭での学習を中心にした。小学校にはほとんど通えなかったが、中学校では理解のある先生方に恵まれ、個室での個別指導や週二回の訪問学習などのサポートも受けた。高校は通信制を選択している。七歳のときに習い始めたギターは続けることができて、両親もそれを全力で応援してきた。

紗都さんは、今も「「うわわオバケ」は自分の理解につながった」と言っている。

自分の外界で起こる現象と内側の世界を、どう一致させて認識するのか。この課題は、自閉圏の人々には馴染み深い問題だ。自分を見失いそうなとき、周りのものをトントンと叩いて、自分はここにいると確認するような儀式を行う自閉圏の人も多い。

紗都さんの場合は、子どものころ、感覚過敏の症状が自分の意思とは無関係に襲ってくるという、環境と自分の不和感に襲われていた。まずは「自分の感じている世界が他の人とは違う」ということを理解し、その違和感を言葉によって他者に伝えるということが大きな挑戦だった。「うわわオバケ」という言葉を得たことは、その自己認識と他者へのコミュニケーションの双方に有用だった。

これは、聴覚・視覚に障害を抱え、言葉を発達させずに育ったヘレン・ケラーのエピソードを思い起こさせる。ヘレンが、一方の手を水の吹き出し口に置き、もう一方の手にサリヴァン先生が指で綴る「ウォーター」を感じて、初めて手に感じるモノとしての「水」と、言葉としての水の対応に目覚めたという有名なエピソードだ。

紗都さんの場合は、ヘレン・ケラーのような言葉の遅れはなかった。しかし自分の内なる感覚に「ネーミング」を得るということが大事なのは変わりない。言葉で自分の感覚を外に対して表現できるということが、どれほど深く貴重な体験であるか、それはその難しさを体験した人にしかわからないかもしれない。

「目を見て話せ」が難しい理由

「紗都ちゃんは本当に真っ直ぐに成長している」

私に紗都さんのことを教えてくれた新聞記者Oさんの言葉だ。Oさんは彼女を小学生のころから紹介しつづけ、その成長を長年見守ってきた。

コンサートの終了後、お母さんの尚美さんが私に声をかけてくれた。O記者から私の著書『ハイパーワールド』を紹介され、読み始めたところ、紗都さんの印象深いエピソードを思い出したのだという。

紗都さんが小学校一年生ごろのことだ。先生から「話をするときは人の目を見ること」と言われた。すると紗都さんは、尚美さんにこう言ってきたという。

「『目を見て』と言うけど、目を見たら瞳のなかに景色が映ってるやん。目を動かすたびに景色も色も変わるやん。いちいち景色が変わるから、忙しくて話すどころではない」

尚美さんは、紗都さんがそこまで細かい情報も意識に上げて処理していることに驚かされた。つまり紗都さんは、タカのように鋭く細かいところまで見えてしまう視覚を持っているのだ。

こうした感覚過敏のせいで、「ストレスがたまると視界がチラチラしてくる」と表現する当事者の人は多い。しかし一般には、あまりにも多くの視覚情報を脳内処理している人がいることは理解されていない。

尚美さんは「オリジナルの面白い表現で自分の世界を伝える娘で、楽しませてもらっています」と明るく笑っていた。苦労も葛藤もあっただろうが、娘の自閉圏のものの見方をそのまま個性と認めて、楽しもうとしている態度がとても印象的だった。自分の視点を押し付けることを賢明に自制して、まず娘のありのままの世界を丁寧に知ろうとする態度こそが、紗都さんが「真っ直ぐ成長している」要因の一つに違いない、と私は直感した。

そして、それほど繊細な感覚で情報の過剰負荷を抱えている人が、今ではこうして堂々とコンサートをこなしていることにも驚きを覚えた。

紗都さんは、感覚過敏に対処し、自分の自閉的な非定型インテリジェンスを乗りこなすことを学びつつあるのかもしれない。その陰にはどんな努力があるのか。世界をどんなふうに見ているのか。紗都さんの非定型インテリジェンスのあり方を、つらさと美しさの両方からまるごと知りたいと思った。

家族で「うわわオバケ」を研究する

子どものころから紗都さんは、ノートにさまざまな感覚過敏の形を、「音うわわオバケ」などさまざまな種類のうわわオバケの襲来として、イラストを描いたりして、独自の認知世界を説明するようになった。とてもかわいい絵だった。両親もこのネーミングのおかげで、彼女がどれほど集団生活でつらい経験をしているのか、複合的な感覚過敏がどれほどつらいか、その主観的世界をより深く理解できるようになった。

九歳のころに描いた「うわわオバケ」の絵

そこでご両親は、親子三人で「うわわ学研究会」を家庭内で行うことにした。会長はお母さん、副会長はお父さん、うわわ学博士は紗都さん。

両親は紗都さんを理解しようと、その内面の感覚を一緒に探っていったのだ。これはすごいことではないだろうか。

人を理解するというのは、親子や夫婦のようにもっとも近しい人でも本当に難しい。人間の認知構造は、たとえ多数派の定型同士であっても大きく違うのだ。長年一緒に暮らす人同士は、少しでもお互いに歩み寄っていくしか方法はない。

ただし、親子の場合はそこがちょっとややこしい。関係が対等ではないからだ。子は親の庇護《ひご》下にあり、親は子の将来のためにはしつけも必要と考える。それはそうなのだが、必要な「しつけ」と、親自身の認知の特性から来る「常識の押し付け」は、キチンと境界を線引きできるようなものではない。とくに定型と非定型の親子の場合だと、子が苦手なことを無理やりさせることになりかねない。

大人がやらせたいことを無理にやらせても、子どもにはトラウマになってしまうことがある。自閉圏に生まれついた子どもは、苦手なことも得意なこともあるはずだが、親としては学校や家庭のなかで困ることをまずやめさせ、苦手なことでもなんとかできるようにさせようとするだろう。しかし、それでは叱ることが多くなる。

そんななかで「よくわからないが認知方法がどうも違うらしい」と認め、ドーンと広く、「そんなこともあるさ、面白い」と思える親は見事だと思う。

たとえば、あるアメリカ人のアスペルガーの男の子は、幼いころオレンジ色のものしか食べないと言い出した。母親はまったく慌てることなく、本人が飽きるまでチーズや人参を食べさせた。その子はやがて自分で飽きて他のものも食べ出し、また別の拘りも見つけた。自閉圏の子どもが拘る対象は、けっこう変わるのだ。

やがてその男の子は、新しい拘りが発展して語学に才能を見せるようになり、日本語への興味へと向かった。その子はまっすぐに成長して、その後、法科大学院も修了して爽やかな青年となって活躍している。

周囲がはぐくむ当事者の自己肯定感

誰でも好きなことは一生懸命にできるが、自閉圏の人の場合、好きなことへの驚くべき集中が「拘り」として現れることが多い。集中のエネルギーを持つこと自体は、一つの才能に他ならない。

しかしそれを受け入れるのは、周囲の人にとってエネルギーと自制が必要だ。私がいままで会ったアスペルガーの若者のなかで、その認知特性の強みを生き生きと伸ばしているような人は、親や身近な人々が、子どもの長所を本当にすごい、面白いとポジティブに表現する場合が多かった。

周囲の人々が自分のことを理解してくれる、共感してくれると信じられることは、どんな子どもにとっても自我を安定させ、やる気を出すための土壌になる。やる気とは、個人の能力だけに依存するのではなく、社会的な枠組みと人間的な相互作用のなかで醸成される。だから才能は、単に脳科学的、心理学的な問題ではなく、社会学が扱う人と人との関係性の問題でもあるのだ。

紗都さんも、小学校に行けなくなったころは、友達と比べ自己否定感でいっぱいだったそうだ。一時は「親も自分のことをわからない」と思った。しかし「うわわオバケ」というキーワードをテコに、自分のことを少しずつ説明できるようになり、今では長年自分に近付こうと一生懸命努力してくれた両親に感謝するようになった。

紗都さんの父親、純さんも「なにがあっても娘のありのままを受け入れようと決意してから、今まで見えてこなかった娘の世界が少しずつ見えてきた」という。それは紗都さんのつらい感覚過敏の世界だけでなく、彼女の既成概念にとらわれない発想や、ユニークな視点、それに驚くべき画像的な記憶力など、紗都さんの認知特性の強さの部分が見えてきたことでもあった

ギターの才能もその一つだ。また、人を疑ったり欺《あざむ》くことがないし、世間体を気にしたり人間に順位をつけたりすることもない、紗都さんの純粋な心もよく見えてきた。

往復書簡を経てからの出会い

コンサート会場で、紗都さんと私は「今度はぜひゆっくり話そう」ということになっ

た。私は、紗都さんの感覚過敏や予期不安のことを考えて、お互いを知り合うために、まずメールでじっくりと往復書簡に入ることにした。どんなリアクションがあるか予測しづらい知らない人との出会いだと、感覚過敏や不安が大きくなる場合があるからだ。さらに私はアバターの研究から、メール交換のようにデジタルを仲立ちにするほうが、当事者が安全に言いたいことを言えると感じてきた。

この往復書簡（メール）で、私はすっかり、紗都さんの深く自分を観察する力、見事に言葉を使いこなし論理的に思考するインテリジェンスに魅了された。文章も丁寧な思考を忠実に反映していて美しい。

紗都さんは言う。

「自分自身に問いかけながら、見えてきたことを言葉にしていく、その自分の言葉から思ったことをまた書いていく、そんな中でだんだんと思ったことが整理され、まとまって深まっています」

彼女が一二歳のときに出版した「うわわオバケ」の本（『うわわ手帳と私のアスペルガー症候群』）には、幼さから来る純真さと率直さがあった。その時点から、紗都さんは爽やかで知的な女性へとまっすぐに成長していた。

その成長の鍵は、紗都さんが自分の新しい経験を丁寧に省察し、評価していることにあった。紗都さんによると、ある一つの場面で受け取る情報の量がとても多いため、その体験を全部覚えていては、頭の容量がオーバーしてしまい、混乱してしまうのだという。そこで対策を考えた。

「「次に活かせる経験済みの引き出し」を増やすために、新しいことを経験したときには、その体験を落ち着ける環境にいるときに振り返りながら、自分なりに簡潔に整理していきます。ふたたび経験する機会がありそうなことを選んで覚えています。ノートに書くときも、写真のように視覚的に覚えていることもあれば、映像（まるでビデオに録画したような感じ）で覚えていることもあります」

一つ一つの自分を観察するステップをふんで、賢明に現実に対処しようという意思がこめられている言葉だ。

数か月にわたるゆっくりしたメール交換での準備期間を経て、私の来日予定と紗都さんのコンサート予定をすり合わせて、いよいよお会いすることになった。インタビューするのは、やはりご自宅で、ということになった。自宅のほうが紗都さんにとって「処理済」の環境情報が多いので、話に集中できるのだ。

待ち合わせの時間、駅の改札口のそばに紗都さん自身が立って待っていてくれて、少し驚いた。紗都さんの家は、駅から程近い静かな住宅街のなかにある。キッチンテーブルをかこんで、お母さんの尚美さんとともに三人で話し始めた。

「池上さんの話し方なら、娘も大丈夫だと思うんですよ」と尚美さん。

江戸っ子にしてはソフトな私の話し方が、どうも都合がいいようだ。紗都さんは、子どものときは大阪のおばちゃんのように、抑揚が大きく表情やジェスチャーも豊かに話す人が苦手で、こう言っていたという。

「その度に言い方や顔つきが変わるし、笑ったりしたら、目の下の影の濃さや顔のしわの長さが変わる。その情報を一つずつ処理せなあかんから、しんどいねん」

これには私も笑ってしまった。

お母さんの予測どおり、その日は話が弾んで、私のほうが疲れ果てるまで、丸一日の会話が楽しく進んだ。もう往復書簡で随分興味ぶかいお話を聞いていたのに、まだまだ話が尽きることはなかった。最後は紗都さんとセカンドライフにログインして、アバターの世界も紹介した。

明朝体は大の苦手？

会話のトピックは、紗都さんの認知特性に移った。紗都さんはまず細部から認識して、それをまとめあげ、意味づけして統合するのがゆっくりだ。そのこと自体は、専門家が指摘しているように、自閉症スペクトラムの人によく見られる認知方法で、「ボトムアップの認知」と呼ぶ学者もいるくらいなので、私もとくには驚かなかった。

しかし、お母さんの尚美さんが「紗都は、明朝体の活字に弱いんです」と言い出したときには、さすがに耳を疑った。一体どういうことだろうか？　紗都さんが説明してくれた。

「明朝体には三角がついていますよね。それで図形のように見えてしまうんです」

たしかに、明朝体は筆書きの文字を模して、三角のトメ、ハネや払いが付いている。今は文字として普通に読めるようになったが、数年前まではこうした細かいところにまず目がいってしまい、字であることが二の次になり「図形」としてまず頭に入ってしまうので、紗都さんにとって「効率の悪い」字体だった。

「今でも、トメ、ハネ、払いがない、細いゴシック体のほうがいいです」

紗都さんはさらに続ける。

「私は花を見るときでも、小さなところから少しずつ見ていきます。誰かがポット入りの花を買ってきて、私に見せてくれたとします。花粉がある、葉脈が堅いなあ、それは水をやったばかりなのかな、などと小さいところから見て、最後にこれは「綺麗な花」という判断にたどりつくんです」

だから、すぐに社交的に「あっ、綺麗ね」と反応できなかったりする。

「小さいところから見るので、最後に大事なところを見るころには情報だらけになっていたりします。小さいところの情報をまとめるのに時間がかかり、パワーがいるのです」

たしかに、これは不便かもしれない。たとえば、お店で良さそうなシャンプーを選ぶだけでも、ついラベルの細かいところなどが気になって時間がかかる。だから、社会生活のなかでの相互作用、人との会話や買い物などでは、効率が悪い認知方法かもしれない。

視覚情報だけではない。内臓の感覚も含め、身体の内外から入る感覚情報もフィルターなしに受け取ってしまう傾向があるため、過剰な情報のなかから必要な意味を抽出するのがゆっくりなのだ。たとえば、体が出す「空腹」といううさまざまな信号を選び、解釈するのも大変で、結論がすんなりと出てこないことがある。尚美さんによると、子どものころの紗都さんに「お腹すいた?」と聞くと、いつも「わからん」という返事だったという。

けれども、紗都さんのような、細かいところを丁寧に分析してからそれを積み上げていく認知の方法、心理学者がいう「ボトムアップ方式」のインテリジェンスのかたちが、どの世界でもどの文脈でも効率が悪いとも言えない。世の中には細かいことにまず目がいったほうがいい仕事もあるし、細かいことから積み上げていったほうが美しいものが見える場合もある。

米国でニューロ・ダイバーシティの言葉が広まったのは、シリコンバレーのコンピュータ関連の世界に出入りするジャーナリストが喧伝《けんでん》したからだった。それは一つには、こうした細部に目がいく認知特性が、驚くべき速度でコンピュータプログラムのバグを見つけたりするプログラマーと親和性があるためだ。そうした認知特性が障害になるかそれとも強みになるかは、本人の能力だけの問題ではなく、置かれた環境との関係性による。

つまり、どのような認知特性と知能の形が社会に役立ち、本人の才能も開花するかは、その時代その社会の文化、その人の置かれた社会経済環境や家族環境といった文脈が影響すると言える。だから、どんな時代、文化、文脈でも「正解のインテリジェンス」というものはない。

今、時代の変化するスピードはものすごく早い。どのような形のインテリジェンスが脚光を浴びるかは、だれも予測できない。今は「障害」と考えられている認知特性の美しさが発見され、才能とみなされる時代がいつ来るかもわからないのだ。

知能ってなんだ？

紗都さんとの対話は、インテリジェンスの多元性と多様性、そしてそれを周囲と社会がどう正しく認識し、本人にも社会にもプラスになるように育てていくかの難しさを改めて深く感じさせた。

少なくともこの一五〇年ほど、多くの学者、教育者や科学者が、どう知能を定義し、測定し、そしてどう子どもたちを教育するかに知恵を絞ってきた。しかし「知能を測定する」といっても、知能検査はその方法のほんの一角にすぎないし、時によっては測定結果が教育する立場の人に間違ったシグナルを送ってしまう場合がある。

紗都さんは一三歳くらいのころ、知能検査を受けたことがある。療育手帳を取得するためだった。その結果、IQ値は知的障害のレベルと認定されたという。だが、私はそれまでのメールによる往復書簡を通じて、紗都さんのインテリジェンスに深い印象を受けていた。だから、だいぶ前に受けた検査とはいえ、その結果を聞いて本当にびっくりした。

私は、いったい知能テストがどんな知能を測っているのか、そちらのほうが気になってしまった。そこで紗都さんに、知能検査でどんな問題が難しかったのかを聞いてみた。

「たとえば、バナナとリンゴの似ているところは、という問題が難しかったです」

おそらくこれは、モノの類似を問う質問であろう。モノを類別する論理的な思考能力を測っているのだ。一般的な答えは「両方ともフルーツだ」ということになるのだろうが、紗都さんはもっと細かく丁寧に類推分析しようとした。

この問題について紗都さんは、「私の分類事典」としてノートに書き留めていて、それを見せてくれた。そこには次のような共通点が並んでいた。

1、実の部分の色(が似ている)
2、水分を含んでいること
3、成長するため水が必要
4、皮がありむいて食べる
5、多分、種がある(バナナの黒い部分は種かも)
6、太陽があると元気になる
7、熟すると香りが変わる

といった調子で、全部で一九の共通点をあげている。私ではとてもこんなに思いつかない。紗都さんは、こうやって丁寧にひとつひとつ似ているところを考えているうちに、答えを見つける時間が足りなくなってしまったのだ。

つまりこの知能検査は、認知の方法が平均的な人とは違う子どもの場合を視野に入れていない。知能検査にまったく意味がない、というわけではない。しかし、一般的に知能検査は学校での勉強に役立つ知力を計測するようにできているし、認知形式の多数派の方法に適した知性の形をテストするようにできている。それでは人間の「多元的で多様な知性」、私の言う「全球的なスペクトラム」の知性は、ほんの一部の形しかとらえることができないのだ。

知能検査の尺度

知能検査の始まりは一九〇五年にまでさかのぼる。パリの教育当局が、心理学者アルフレッド・ビネーに委嘱《いしょく》して、学校の課程をこなすことのできない小学生を早期に発見する手段として開発された。

これが大西洋を超えて米国に紹介されると、教育学者や心理学者はその「科学的」な可能性に魅了され、さらに合理化してグループで実施するようになり、同年代のほかの人々との分布のなかでそれぞれの人の知能の位置を正確に示せるように改変した。

一九二〇年代から三〇年代にかけて、知能検査は徴兵検査時に新兵を振り分けるために採用されるなどして、米国社会に深く広く浸透した。このころの米国は、驚くことにすべての人に機会を与えることを誇りに思っている国で、「ＩＱは相対的な身長や髪の色と同じくらいおかすことができない個人の特徴を規定するという信念で知能テストが実施されてきた」とハーバード大学の教育心理学者、ハワード・ガードナーは指摘している。

ところが、生得と見なされていた知能が、実は社会経済的な因子や文化によって影響されていることがわかってきた。そして一九七〇年代のころには、一見「科学的」と見える知能検査に対する疑問も指摘されるようになった。

こうした批判を踏まえて、知能検査はその後何度もさまざまな学者によって改定されてきた。だが、その根本にある知能に対する見方は、昔と変わらないところがある。知性が多様であることを出発点として、教育評価の方法をより多様な個人に寄り添った形に変えるのが望ましい。少なくとも、それがより多様なインテリジェンスの形が社会で生きるための出発点だろう。

前述のハワード・ガードナーは、多重知能の理論を長年提唱して、多様性に応じた教育の大事さを強調してきた。そのなかでも「音楽的知能」は、彼の考える七つの知能という分類の一つに挙げられている。

知能というと、普通は言語能力や論理的思考、数学などを考えるだろう。しかしガードナーとその共同研究者たちは、音楽的才能は言葉を中心とした知能とほとんどパラレルであると考えていて、単に感性の問題ではなく「知能」という概念を使ったほうがよりよく説明できるとしている。音楽的才能のある子どもは、音楽の実際の訓練を受ける前にすでに音の分別などという形でとても早いうちに発達するといわれる。そこも言語を使いこなす知能がより高度な知的な活動が展開する以前にその基礎として早く発達するところも、音楽的知能と似ている。さらに言語が文法を駆使して言葉の種類と並び方によって、世界をパターン化し分類する方法であるのと同じように、音楽も音の連なりをある法則により展開して、人々を動かすコミュニケーションの方法だ。音楽的知能の高い人は、世界をパターン化して認識するのにもその能力を応用しているかもしれないのだ。

そして、ここも大事なところだが、言語と同じように、音楽は、時間に沿って継時的に展開される。だから音楽的知能は、視覚的認知が一瞬のうちに世界を認知するのと違って、そこに時間という軸が入る。そこも話し言葉が、言葉の連なりを順をおって展開する構造になっていることに似ている。

最後に幼児のころの話し言葉の習得も、音楽と同じように聴覚を通じて発達する。一つは話し言葉、もう一つは音楽。獲得するコミュニケーションの方法は違うが、聴覚を媒介として発達する点は似ている。言語能力の高い人を知能が高いと考えるなら、音楽能力が高い人も知能が高いと考えても不思議ではない。

ところで、紗都さんの才能のなかで今のところ突出して開花しているのはやはりギターの演奏だろう。まして紗都さんの場合、音楽的知能が明らかに、大変高いだけでなく、言語能力の点でも少なくともじっくり考えることができる書き言葉では、高い知性と豊富な語彙や比喩を使う能力を感じさせる。

たんぽぽの綿毛のように広がる音

紗都さんは音をどう捉えているのだろうか。もう少し尋ねてみた。

紗都さんは、大きな音、人工的な音、雑音、大勢の人の話し声が混ざるところ、それに急に鳴る音が苦手だ。これらの音には恐怖感を覚え、身体全体に「痛み」を感じる。「聴覚」とはいうけれど、紗都さんにとっては全身の感覚なのだ。「音を痛いと感じる」というと、変だなと思う人もいるかもしれない。しかし、音が物理的には「振動」であり、それは鼓膜だけが受けているわけではないことを考えれば、当然とも言える。

そんな聴覚過敏なのに、どうして音楽は大丈夫なのだろうか。

われわれは音への過敏というと、音の大小、高低、雑音、急な音などをまず想像する。しかし紗都さんの「過敏」な聴覚は、音の質をもっと複雑でデリケートに、そして多次元で感じ取っている。その情報をたくさん受けすぎる聴覚は、同時に好きな音も複雑な周波数の構造を複雑なままに味わうことができる。つまり好きな音は大丈夫なのだ。

優しいギターの音色が、その好きな音だった。七歳のときに出会ったギターの音はまろやかで、まるで身体を優しくつつんでくれるようだった。学校には行きたがらなかったのに、ギター教室には自分で行きたがった。

紗都さんが書いた「うわわオバケ」の本には、子どものころのギター教室の先生がこんな言葉を寄せている。

先生は紗都さんが教室に通い始めた七歳のころ、彼女に内緒でちょっとしたテストをした。ギターを二本ならべて、先生がそれぞれのギターで曲を弾いてから、いい音のするほうを選ぶように言ったのだ。紗都さんは、先生が弾き終わるなり、瞬時に「こっち！」と迷わず正しいギターを選んだ。

これは、どちらのギターが豊かな周波数を有しているかを判断するもので、長年ギターの音を聞き続けた人でも、とっさに判断するのは難しい課題だった。先生も他のスタッフも衝撃を受けた。紗都さんが音をハイパーワールドで受け取る聴覚過敏は、そのまま素晴らしい音の聞き分けとなる才能の土台でもあったのだ。

紗都さんはギターの「音」をこんな言葉で表現する。

「私は一〇秒くらい弾いてみると、そのギターが好きな音なのか、そうでないのかがわかります。好きな音は、「音の芯」がやわらかくて、「音の家族」もたくさんいて、その音の家族は風でふわーと飛んだときの、たんぽぽの綿毛のように広がる音です。そして、音の家族の中にはバランスもあって、静かな人と勢いのある人のバランスがとれなくて、強調しすぎる人がいる家族はバランスが悪いです。「音の家族」と「音の芯」のバランスにも相性があり、このバランスも大事です。バランスの良い音は単音で弾いても音のなかにまた広がる音があって、綺麗に聞こえます」

紗都さんは、香りも同じように芯があると感じているのだという。

どうも紗都さんは音や香りだけでなくさまざまな感覚情報も深く複雑に受け止めているのではないかと思われた。

音のソムリエとその自省的知性

それにしても、紗都さんのユニークな比喩で綴る音情報の描写はすばらしい。そこには紋切り型の表現は一切ない。自分の感覚を深く見つめて出てきた言葉だ。深い知識や沢山の読書で鍛えられた知性とは違うが、その代わりにどこかから借りてきた思考や表現はない。

紗都さんは、普通の人が他人の心を推し量るのに使っているエネルギーを、自己の内側を見ることに向けているのではないか、と私は思い始めた。彼女には、人と競争しようとか、そのために人を疑ったり世間体を気にしたりすることがない。あまりにも自分の世界の感じ方が人と違うので、そこで世間の人と比べたり恨んだりしてもしかたがない、と思っているのかもしれない。

自閉症スペクトラムの人すべてが、そんな純粋な心を持っているというつもりはない。実際、いじめなどの経験や狭い世界での人間関係に疲れて、人を妬《ねた》み恨んだり突然攻撃的になったりする人もいる。世間の人間と同じことだ。しかし紗都さんの場合は「自分を知りたい」という気持ちが純粋に強いように思われた。

紗都さんは自分自身がどう感じているかを観察し点検し、それを吟味して言葉を選ぶ。それは経験のなかから大事なものを選んでそれを「処理済みの引き出し」に丁寧にいれる、という過程で鍛えられた、「透明な自省的知性」なのだろう。

ところで、ソムリエはワインの複雑な味を上手に言葉で表現する訓練をする。人によっては、それがちょっと気取っているようで鼻につく、と感じる向きもあるようだ。美味しいワインをよりわけられれば、それで十分ではないか、と。

しかし世界的ソムリエの田崎真也さんによれば、それは違うのだという。むしろ言葉で表現することと、ワインを判定する能力は密接に連携している。

五感で受け止めた感覚は、潜在的な記憶にとどまることがあっても、それだけでは、自由自在に引き出せる記憶にはなっていません。いつでも思い出し、より明確に呼び起こすためには、言葉が必要なのです。

（田崎真也『言葉にして伝える技術』祥伝社新書）

これを読んだとき、私は「なるほど」と思った。

紗都さんが複雑な音の味を、分析的に聞き取ることができるのは、情報を多く受け取れる過敏な聴覚の裏返しでもある。しかし、感覚を吟味し、味わい、大事なものを選んで言葉化したり視覚化したりして記憶する——そんな地道な努力と行為の丁寧な積み重ねがなければ、実際の場では活用できないのだ。

私は、紗都さんの意識の領域の扉をまた一つ開けたような気がしていた。音のソムリエのような紗都さんの音感能力と、彼女の自省的知性は、一つ一つ自覚的かつ分析的に処理していくという行為を通じて深くつながっているのだ。

抹茶の泡に宿る虹色の景色

その日、高橋家のテーブルの上には、たまたま三枚の小さな西洋食器皿があった。青い色の細かい柄が一律に転写プリントしてある。「これが同じ色の模様に見えますか?」と尚美さんが私に聞いた。私にはそのように見えた。

「そのうち一枚の色が、少し違うって紗都が言うんです。どれかわかりますか？」

そこまで言われても、私にはすべての色が同じに見える。

紗都さんが「ほら、これです」と指差す。「この部分にほんの少し赤みが」。

そう言えば……。紗都さんはどうも実に細かく色を識別できるようなのだ。紗都さんは色という視覚情報ひとつにしても、私よりずっと繊細により大容量の情報を得ているのだろう。

細かい色まで識別できる紗都さんは、細かいところに宿る色や美にも敏感だ。

紗都さんは高校のころ、通信制で学ぶ仲間たちと茶道を始めた。お茶会は静謐《せいひつ》のなかで行われ、お点前《てまえ》が順々に決まっている。自閉症の人々のなかには、過程や手続きがきちんと決まった行事に参加するのは快い、と感じる人も多い。それで茶道も好きなのかな、と私は思った。だが、それもあるようだが、紗都さんは意外なことを言い出した。

「お茶をたてると泡が立ちますね。茶碗のなかの泡の一つ一つに景色が映る。それが本当に美しいのです。お茶の泡は、ただ透明な泡に景色が映っているのではなく、一つ一つの小さな泡は私には虹色に輝いて見えます。虹色の泡に景色が映っています（虹色というのは、泡がピンクや青に光っている）。泡の大きさによってもそれぞれに違う美しさを持っていて、少し大きめの泡は映っている景色と虹色が美しく、景色が映らないほど小さな泡は星のようにキラキラ優しく光っています」

そこまで細かく見ているとは！　しかも、そこには視覚的な美しさだけでなく、聴覚や触覚などさまざまな感覚がつながって共鳴するような感覚があるようだ。

「お茶の緑色からは、私には淡い色の綺麗なお花畑が見えて、優しい緩やかな音楽が聞こえます。お茶の緑色には感触もあって、「柔らかいわた」の感触です。お茶の泡の世界からは、星空が見えてきます。時には、自然の草木の音や優しい虫の声などの音も感じることもあります。

お点前に集中すると、こんなことを次々に体験することもあり、感覚的にはとても忙しい「強烈」な体験ですが、この強烈な体験は私には良い体験です」

一見物静かな紗都さんのような人でも、その脳内世界は「強烈さ」を潜めている。そのうえ彼女の場合、音の感覚、視覚（とくに色）、匂い、触覚などが、それぞれに鋭敏に感じられるだけではなく、お互いにつながっている感じがするという。

細かいところに目がいく紗都さんは、定型的な認知構造をもつ人が見逃してしまうような、美しい景色も見ているのだ。紗都さんの世界は、深く細やかに丁寧で美しい。その美しさが、彼女のギターの音色にも表れていたのだった。

感覚と感覚がつながる

お宅にお邪魔して、すでに七、八時間もたっていた。そろそろ帰ろうかと思っていたころのことだった。私はさらに驚きの認知世界を知ることになる。

「紗都が、池上さんは藤色に見えると言っています」

初めてコンサート会場で会ったあとに、お母さんにそう言われていた。今回のインタビューの冒頭でも、紗都さんが、「池上さんはやっぱり藤色」とつぶやいた。

私はもともと、人にオーラが見えるといったニューエイジ系のスピリチュアルな話には、正直ちょっと胡散臭《うさんくさ》い感じをもっている。でもこれまでのやりとりで、紗都さんの透明で分析的な知性と表現に感銘を受けていたので、それとは違うと感じた。

往復書簡やインタビューを積み重ねていくうち、彼女のなかのさまざまな鋭敏な感覚のモジュールが、普通とは違うやり方でつながっているのではないか、と感じるようになっていた。彼女自身も、すでにそれに類したことを数年前のノートに書いている。そのなかで紗都さんは、聴覚、視覚、嗅覚、触覚などが「つながる感覚」という言葉で表現していた。そして、そのつながりの結び目にあるのが、どうも「色」のようなのだ。

紗都さんには「共感覚」があるのではないか――私は直感した。

共感覚とは、普通はつながっていない独立の感覚が、同時にかつ自動的に複数の感覚を呼び起こす意識の経験をいう。

そこで私は、「それで、曜日とかにも色がついて見えたりするのかしら?」と、さらりと聞いてみた。

「ええ、もちろん」

紗都さんはすましている。そして、ゆっくりと、一つずつ思い浮かべるように、「月曜日は緑、火曜日は濃いオレンジ、水曜日は青」と言いだした。もし誰かが「池上さんってどんな人?」と紗都さんに聞いたら、まず藤色が出てきて、記憶を助けてくれるのだという。

「毎日にもそれぞれの色が見えて、一日一日にその日ごとの色があります。今日は薄い青の日です。月の名前にも色が見えます」

となりで尚美さんがビックリしている。

「そんなこと言っていなかったじゃない」

「だっていままで聞かれなかったから」

共感覚とは何か

そのとき、紗都さんは共感覚という言葉を知らなかった。

しかし彼女の描く色彩の世界は、共感覚をもつアスペルガーとして有名な、ダニエル・タメットの自伝（邦題は『ぼくには数字が風景に見える』）を思い起こさせた。この本は欧米ではベストセラーになり、さらに二四か国語に翻訳された。米国の人気ドキュメンタリー番組でも取り上げられ、その天才ぶりとソフトで静かに自分を語る風貌も話題となった。

タメットは、英国の労働者階級の家庭に生まれた。やがて彼は自分がアスペルガーであり、さまざまな社会生活上の困難は、その自閉的な認知のあり方と関係があることを知るようになる。タメットは暗記や語学の才能を示していた。それを可能にしていたのは、数字や言葉に色や形を感じるという、共感覚に助けられた記憶力だった。

> ぼくが生まれたのは一九七九年の一月三十一日、水曜日。水曜日だとわかるのは、ぼくの頭のなかではその日が青い色をしているからだ。
>
> （ダニエル・タメット『ぼくには数字が風景に見える』古屋美登里訳、講談社文庫）

やがてタメットは、自身も子ども時代に悩んでいたてんかんに関わるチャリティに貢献しようと、カメラの前で円周率の暗記世界記録に挑むことを決意する。結局二万桁以上の円周率を、ＢＢＣ放送のカメラの前で暗唱して、当時の世界記録と言われた。極度の集中を要する作業だったが、目の前にうかぶ色と霧のような形が助けてくれた。

その他にも彼は、新しい言語を一週間で覚えるなどすさまじい集中力を見せ、人工的に新しい言語を作ってみせた。まず「天才的頭脳の持ち主」と言っていい。しかし感覚過敏などの自閉症的な症状も強く、静かな環境を好み、朝は決まった量の粥《かゆ》のようなものを食べるのが好きだという。

本来ならば脳の別のモジュールで処理されていて、お互いにつながるはずのない複数の感覚が自動的につながって感じられてしまう——それが共感覚だ。つまり、二つ以上の感覚が交差しているのだ。

「人に色を感じる」などと言うと、なにか超常現象のように思う人がいるかもしれない。しかし共感覚の場合は、ｆＭＲＩなど脳の活動を測定する検査機器を使えば、ある程度特定することができる。神経構造的にも、複数の脳のモジュールが同時に活発に活動していることを計測できるからだ。ちなみに、共感覚は生まれつきの部分が大きいと言われ（後天的に事故などがきっかけでなる人もいる）、体調などによって共感覚が強い日とそうでないときがあるという。

また、共感覚といっても、いつもごちゃごちゃとした幻覚のように見えるわけではない。規則性があるのだ。私が出会った共感覚を持つ人々は、ほとんど一様に、共感覚は決して幻覚のように混乱する感覚ではないと言う。むしろ、ミューズ（美の女神）が舞い降りてきたような素敵な経験と言う人が多い。また、記憶などに役立つことを強調する人も少なくない。

自閉症と共感覚

共感覚は稀で特異な認知特性だ。研究によって大きなばらつきがあり、一、二パーセントくらいだとかそれ以下だとか、まだ確定的ではない。しかし、自閉症の人々のなかにはより高い比率で共感覚が観察される、と語る研究者がいる。

バロン＝コーヘンが主導するケンブリッジ大学の研究チームが、自閉症の成人一六四人を調査したところ、約一九パーセントの人に共感覚が現れたという。これはごく高い比率だが、私も自閉症アバターなどのインタビューのなかで、共感覚がある自閉圏の住人に何人も出会った。そのことは、前著『ハイパーワールド』で紹介した。

しかしなかには、自閉症アバターの例会で「共感覚なんてホントかな」と発言した自閉症アバターもいた。

「もしそうなら、それは自己から「解離」した状態なのでは」

それに対して、落ちついた感じのアスペルガーだという五十代の女性アバターがこう言い放った。

「なに言っているのよ。あんた、なんで「音の匂い」や「味の音」がわからないの？　世界は私にとってリアルよ。ただ、いつも一つ以上の感覚を感じているだけよ」

このやりとりは、深く私の記憶にきざまれている。

ただし、タメットやこのアバターはアスペルガーだが、共感覚の人がみな自閉圏の住人であるわけではない。そのことには注意が必要だ。

アーティストや音楽家などの才能ある人で、共感覚がある人は少なくない。たとえばモーツァルトは、音に色を感じる共感覚をもっていたのではないかと疑われている。同じく作曲家のフランツ・リストは、オーケストラの稽古場で「みなさん、そこはもう少し青でお願いします」と言って、まわりを驚かせたという。

こうした歴史上の人物は、今となっては本人に聞くことができない。しかし、ニューヨークなどで活躍する世界的ヴァイオリン奏者のイツァーク・パールマンは、共感覚者として知られている。また、数は少ないものの、現代の超一流の科学者にも共感覚を持つ人がいて、私もインタビューしたことがある。こうした人たちは、その才能から見て非定型インテリジェンスを持っているが、自閉症とは言い難い。

つまり共感覚とは、多様な非定型インテリジェンスの一つなのだ。また、自閉圏の人にもそうでない人にも現れるという意味で、まさに知性のかたちの「全球的なスペクトラム」の良い例といえる。

紗都さんの自己省察

共感覚は、幼児のころからあるのが普通だ。大人になると、その症状が弱くなる（たとえば色が薄くなるという人は多い）ことが多いので、その意味で発達「障害」ではないが、発達上顕現する稀な認知特性と言える。

ただし、たとえば言葉や数字に色がつく子どもは、「他の人もそうだ」と思っていて、かなり後になるまで、特別な世界の見方をしていることに気がついていないケースがよくある。しかも共感覚は、自閉症スペクトラムのような発達障害の症状とは違い、家庭や学校教育のなかで障害になることが少ないので、周りの人も気がつきにくい。

紗都さんも、かなり強い共感覚をもっているようだった。しかし、感覚過敏とは違って、学校や社会生活で障害になるようなものではないので、周りもあまり気がつかなかったようだ。

しかし、紗都さんの色彩の共感覚の話は、彼女の主観的世界を知るうえで一つの鍵を握っているように思えた。そこで、その後約一年にわたって、ゆっくりした間隔の往復書簡で、彼女の世界を一緒に探査していった。ニューヨークにいる私にとっては、紗都さんから時折届く、共感覚についての省察のメールは、まるで彼女の宝石箱のなかを少しずつ見せてもらうような、とても特別な体験だった。

紗都さんは次のように書いている。

「中心はやっぱり色で、共感覚の中で感じることが一番多いのも色です。いつも色からですが、色以外にも感触や匂いの他に、温度感覚も感じるときがあります。それから、味の色もあります。共感覚の世界以外でいろいろな感覚から情報を受け取ると、混乱して疲れてしまうのに、共感覚の世界ではいろいろな感覚が刺激されてもほとんど疲れないのが不思議です」

「共感覚が現れるときの色の浮かび方は、視界の片隅から顔を出すように色が現れてくる感じ、または見ている風景に少しずつ重なって色が浮かんでくる感じです。

風景に重なるときは、やわらかに色が見え始め、「色の霧」を見ているようです。風景の片隅に色が浮かぶときは、はっきりと濃い目の色で鮮やかに現れることも多いのですが、風景に重なるときは薄い色が多いです。薄い色が風景に少しずつ重なって浮かんでくるときは心も色を見ているようで、視界全体に色の世界が広がって、「壮大な美しい色の空間」にいるような気分です。綺麗なとっても素敵な感覚です。

この感覚が現れたときは、していることを一旦休んで「ゆっくり楽しみたい」と思うほどです。このときは、色と一緒に重さも感じることもあります。


「今まで実感したなかでは、言葉から別々の感覚が一緒につながっていることが一番多いです。言葉の意味よりも先に、その言葉の持っている響きなどから、色彩や形、肌触り、いろいろな質感（ザラザラやツルツルなど）、温度などを感じます。

景色やものからも、いろいろな感覚につながることがよくあります。私にはとても自然な感覚で、この感覚を体験しているときは「いろいろな感覚が一緒になっている」というよりも、「一つのことを全身の感覚から感じている」ように感じます」


「共感覚を体験することで、共感覚の出ないときに比べて、いろいろなことがより強く記憶に残る気がします。

私は印象に残った出来事は、日付、曜日、時間などを随分と前のことでも覚えていることが多いのですが、その日ごとの色（「池上さんとお会いした日は薄い青」のような感じです）や、会った人から感じた色や形、話したなかで現れた言葉の共感覚が記憶になって残っています。そのことを考えると、共感覚の影響もあると思います」

ギターの音に色がつく

紗都さんは昔からギターに慣れ親しんでいる。音と色の関係はどうなっているのだろうか。たとえばドレミの音階は、紗都さんによると次のようになるのだという。

ド＝茶色
レ＝薄黄色
ミ＝薄い青（快晴の日の綺麗な空のような色）
ファ＝オレンジ
ソ＝鮮やかな青
ラ＝濃い目のくすんだ黄色
シ＝紫

半音の色は、そのとなりの音の色が、少し薄くなったり濃くなったりするらしい（ミとシのシャープは、音階の仕組み上存在しない）。

ドのシャープ＝明るい茶色

レのシャープ＝黄色
ファのシャープ＝ファより少し明るいオレンジ
ソのシャープ＝ソより少し薄い青
ラのシャープ＝ラより明るい黄色

ただし、音楽にはドレミだけでなく、さまざまな音の種類がある。楽器による違いもあるのだろうか。

「はい、たとえば「楽器の音色ごとの色」を感じることもあります。それぞれの楽器がもつ特有の音色に、決まった色がついていることがあります。ヴァイオリンは赤系の色、フルートは緑系……といった感じです。

私が弾いているクラシックギターは優しいベージュですが、高音には時々淡い緑を感じる音色があります。ピアノの音色は青系の色ですが、低音はツヤのある茶色が見える音がいくつかあって複雑です。

それから、曲から色が見えることもあります。匂いや感触を感じることもときどきあります。でも、曲の解釈が進んでイメージが変わったり、曲への思いが変わったりしても、頭の中でぱっと見える「色」そして「感覚」は、初めて味わったときと同じなのが自分でも不思議です。

色以外の感覚が登場するときには、色は見えず他の感覚だけが登場してくることはありません。色は共鳴しつながる感覚の基本のようです。ですから、「ピンクで綿のような感触」とか「黄色で枯葉のような香り」といった感じで、いつも色と同時に感じます。そして、まるで作曲者や曲のタイトルのように、同じ曲には同じ感覚の組み合わせをいつもきまって感じます」

ここで私の頭に疑問が浮かんできた。一つ一つの音程に色があり、楽器ごとの音色に色があるとすると、その関係はいったいどうなるのだろうか。この問いに対して、紗都さんはその美しい世界を語ってくれた。

「楽器の音の色が虹のようにかかって、まるで一本の橋のようになっていて、その色のうえをドレミの音符ごとの色が踊っているんです。ギターの音はベージュなので、ベージュの橋の上をドレミの音色が踊っている感じです。曲の色がつくと、ベージュの橋は二色の虹のような橋になります」

ギターの優しい音色がベージュの橋を視界にかけ、ドレミの音の色が踊っている——なんてゴージャスな意識の経験だろう。私は、紗都さんの言葉を噛み締めていた。

共感覚と芸術

共感覚のある人は、それは追加情報であって、必要な情報の邪魔をするようなものではないと語ることが多い。しかし紗都さんは、普段から色が景色の片隅にすっと追加情報として現れるだけではなく、共感覚がとくに深くなるときには、特別な意識の経験が現れるようだった。

紗都さんが語る「『壮大な美しい色の空間』にいるような気分」という表現が印象的だ。音の色の橋がかかって、そこに音符の色が踊っていたり、匂いや感触も感じたりするときは、きっとそういう経験なのだろう。私は、共感覚のあるアバターの言葉を思い返していた。それによれば、共感覚が深くなるときはまるでミューズ（美の女神）が舞い降りてきたみたいで、そっとひとりで味わっていたいような気持ちなのだという。

共感覚的な世界の認知のあり方は、すでに一〇〇年以上前から知られていた。

近代の科学者で初めて共感覚をとりあげたのは、チャールズ・ダーウィンのいとこにあたるフランシス・ガルトンで、一八八〇年に「ネイチャー」誌に論文を発表した。それから二〇世紀の初めにかけて、共感覚は文学や芸術の最先端を行く人々にとって、インスピレーションのもととなり、文化の最先端であった。

たとえば、抽象画のパイオニアであり理論的なリーダーであった、ワシリー・カンディンスキー（一八六六－一九四四）がいる。ワーグナーの音楽にインスパイアされて画家を志したといわれる彼は、さまざまな共感覚的な作品や絵画を哲学的に省察する言葉を残している。

また、フランスの詩人アルチュール・ランボー（一八五四－九一）は、「母音」というソネットで「Aは黒、Eは白、Iは赤」といった共感覚的な感覚をうたいあげている。ランボーに実際に共感覚があったかは不明だが、共感覚的な感覚は、当時生まれつつあった新しい世界観――今われわれが一九世紀末から二〇世紀初頭の「モダニティ」と呼ぶ時代――が興隆する源の一つであった。

つながるはずのない異次元の感覚がつながる。既存のものの見方やカテゴリーを疑わない人々にとって、共感覚的な感覚はなにか不気味で破壊的に感じられたかもしれない。しかし、カテゴリーを「越境」し、そして「交差」するとき、そこに思いもかけぬ全く新しい創造の飛翔が生まれたのだ。

しかしその後、第二次大戦後の世界では、行動主義心理学の隆盛のなかで、共感覚は長いこと科学研究の対象から外れて、たんなる芸術的メタファーか、まるでオカルト現象のように思われるようになってしまった。その状況を変えたのが、この三〇年ほどの目覚ましい脳神経科学の発展、とくに脳を計測する機器の発達だった。

共感覚はその後、科学によって脳のあり方として再発見されてきた。しかし芸術や文学の分野では、その前から創造力の源泉の一つと感じられてきたのだ。

私の知性の多様性への旅のなかで、紗都さんという透明でまっすぐに伸びつつある知性に出会えたことは、私の心をあたたかくしてくれた。彼女は、いまも鋭敏な感覚のコントロールに悩み、その健康状態は環境の影響を受けやすい。そのために、生活を送るうえでできないことも多い。

しかし、彼女の弱さはまた強さでもあった。彼女の行為の可能性を一見制限しているかに見えるインテリジェンスの特性は、実は豊かな精神生活の宝庫でもあり、それをさらに洗練させることで創造性へと転化できる可能性を秘めている。

とくに彼女の宝石箱のような共感覚の世界は、私が今までに会った共感覚の持ち主のなかでも、その強烈さと豊饒さで群を抜いていた。そういえば彼女のギター演奏は、一つ一つの音色が染み入るようにまろやかに豊かで、味わい深かった。あの音の雫の連なりの背後に、そんな素敵な色のヴィジョンが隠れていたとは驚きだった。

自閉圏の人々の主観世界を入り口として、探求してきた私の知の多様性への旅は、新しい地平を見渡せるポイントまでたどりついた。私は知らないあいだに、創造力に満ちた非定型インテリジェンスの世界へと越境しつつあったようだ。

第6章 インテリジェンスの多様性を求めて

なぜ自閉症的「知性」を問題にするのか

前章までのような交流を通して、私は、自閉圏の人々の知性のあり方を単に医療・福祉の次元のみで考えることを、ほとんど「もったいない」と感じるようになった。もちろん、医療や福祉の次元それ自体が大事であることを否定するつもりはない。だが、それだけでは捉えられないもっと普遍的な次元がある。

だから私は、人間のインテリジェンスのあり方の一つの地平として、自閉症的知性のあり方を真剣に見直してほしいと願ってきた。インテリジェンスの形が多数派とは違うものの、それぞれに個性的で内面に豊かな世界を抱えている人々がいる。その事実を認識することは、社会全体にとってプラスになると思うからだ。自分の認知の特性、意識の傾向を知ろうとするすべての人にとって、自閉症的「知性」と向き合うことは、より深い自己知につながる可能性がある。

そうした見方は、ラレさんのような人との深い出会いを経て、私の中に確固たる錨を下ろした。

そもそも「自己を知る」ということは、ソクラテスの時代から哲学の基本課題とされてきた。しかし、これがなんとも難しいということも、哲学者から文学者、宗教者までがさまざまに語ってきた。なにしろ、自分を観察する自己が自分の中にあるという入れ子状態なのだから、自己を観察する力には限りがある。

そのうえ「自分は誰か」という自己知は、実は「他者」を認識すること、他者を知ろうとする行為によってこそ得られる。つまり、ちょっとした矛盾の関係にある。だから、赤ちゃんが生まれ落ちて、胎内にいたときとは違って、自己と他者、自己と環境が別であることを知るのは、実は大変な哲学的な瞬間なのだ。さらに人は、成長するにしたがってさまざまな他者と出会い、自己像を訂正したり、自分がどう他者と違うか認識したりして、自己のアイデンティティを育て、世界へのまなざしを磨き深めていく。

生まれつきの脳神経回路に差異があり、世界を認識する方法が自分とは違う人と出会うことは、実は自分をよりはっきり映す美しく大きな「姿見の鏡」を掲げてくれる存在なのだと思う。私にはそれこそが、自閉症的知性をもった人々との出会いが持つ、本当の意味だった。

とはいえ、「認知の特性」はなかなか自分でもわかりにくいかもしれない。しかし、世界を感覚知覚機能によって感じ取ったり、そうした世界からのインプットを使って思考したりする際には、誰にも得意な方法がある。人によって認知の方法には「くせ」があるのだ。

つまり、世界が自分の前に立ち上がってくるとき、それを認識する「フィルター」が人によって違うとしたらどうだろう？　もし全員が、色と度の違うレンズのついたメガネをかけて、世界の色彩と形について語っているとしたら？

一般的に「認知」といっても、思考にかかわる高度な認知の特性だけでなく、その基礎には身体知に根ざした感覚的ものが存在する。つまり、認知の「くせ」は、高尚な哲学的自己観察の、そのまた奥の認知の前提条件を含む話なのだ。

「視覚優位」という特性

ところで、ラレさんのように非定型インテリジェンスを持つ人々が、直接経験を基礎にしたスピリチュアリティの世界に惹かれるケースは多い。ラレさんの場合、彼が感じているこうした感情は、その視覚優位の特性――つまり認知の「くせ」と深く関係しているように思われた。

視覚優位という言葉は、発達障害の人の認知特性を語るときによく使われる言葉だが、少し誤解を招きやすい。ラレさんの場合は、実は視力があまりよくなく、とくに周辺視野が弱かった。したがって、「よく見えすぎてしまい、情報の過剰負荷になりやすい」というタイプではない。しかし心の眼の中では、映像が彼の記憶と思考の基礎になっているのだ。

視覚優位の映像で記憶する人のことを、認知科学では「直観像保持者」ということもある。直観像とは、目に映る像が、目を閉じた後も文字どおり眼前に現れるように見える、主観的経験のことをいう。直観像を長期記憶できる人は多くないが、自閉症スペクトラムのような発達障害を持つ人のなかにはかなりの割合でいる。動物学者のテンプル・グランディンもそのひとりだ。グランディンは、動物の視点や感じ方をなぞり、それを動物施設の設計図に落とすことが、誰に教わらずともごく自然にできた。自分のことを「視覚でものを考える人間だ」と、彼女は言っている。

インテリア・デザイナーの岡南さんも同じだ。岡さんは発達障害当事者だが、視覚優位の映像記憶に優れていて、言語でなく映像で思考するという。その立場から、建築家のアントニ・ガウディのような天才と言える人たちの認知特性などについて、優れた考察を出版している。

その岡さんが、子どものころの話だ。お絵かきで「カエルを斜め上から見たところ」という難題に対しても、どういうわけか岡さんは頭の中に像が見えるので、難なく描くことができた。心のなかのイメージを写していただけというが、どうやって上手にお絵描きをするのか他の子に教えることはできない。岡さんは、他の子には頭の中に「映像」がないことがわかり、びっくりしたという。生まれつき直感的に得た映像記憶を記憶保存することができるからこそ、こんなお絵描きのやり方が可能だったのだ。

だが「視覚優位」と一言で言っても、その「見え方」や「使い方」は人によってかなり違う。

たとえばラレさんは、自分の認知特性である奥行きと動きのあるビデオのような映像で考える。そのやり方を意識的に創造力の源泉とし、意図的に発展させていた。つまり、自分の好きな映像のイメージに心をフォーカスするという「ヴィジュアリゼーション」によって、彼自身が「ゾーンに入る」と表現するような意識領域を開拓してきたのだ。そうすると、インスピレーションが自分のほうに降ってくる——それがラレさんの創造の世界だった。

私が出会った当事者たち

私が会った自閉症当事者のなかには、コラさんのように言語優位の人もいるが、一般には「感覚」で考える、とくに視覚で考える人がかなりの割合でいた。仮想世界で会ったある自閉症アバターは、自分を含む自閉症当事者は、みな「絵で考える」とみなしている人もいたくらいだ。

もちろんそういう人ばかりではない。ただし、コラさんも言語が発達しているといっても、聴覚や視覚などの感覚も鋭いため、簡単に感覚情報の過剰負担になってしまう。すると、あんなにも見事にあやつる言葉が出てこなくなるのだった。また、複数の感覚がみな鋭く、感覚情報を海綿のように吸い取ってしまい、その整理に苦労する自閉症アバターもいた。

一方、葉山さんは細部から物を見る人だった。ラレさんとは異なり、二次元の写真のようなイメージで記憶をするタイプだ。彼女の描くマンガは、線描で奥行きがない。

葉山さんの場合、気がつかないうちに自分のまわりを時間が流れていくような感じで、順を追って出来事を記憶することが難しい。それに葉山さんは、モノと一体化したり、ひょいと既成の自他や上下関係などの境界を超えてしまったりと、ボーダレスの傾向があった。そして、価値観の面でも平等にボーダレスであった。

没入した直接経験は、きらきらと美しい経験であると同時にカオスでもある。複数のコマからなるマンガは、そんな葉山さんの直接経験の写真記憶を、時間軸に沿って順を追って整理する自己セラピーであった。

高橋紗都さんの場合は、複雑かつ高度に発展した五感が、お互いにつながりあっているところに特徴があった。とにかく彼女は、聴覚や視覚から内臓感覚にいたるまですべてがとんでもなく鋭敏で、そのせいで感覚情報を過剰に取り込んでしまっていた。学校がつらかったのもそのせいだ。五感のすべてが高感度である場合、当然ながら、適当なフィルターがないととても疲れてしまう。そのつらさは、大きな音を体の痛みとして感じるくらいだった。

ところが、夜の闇に優しく光る月の光、自然の優しい色、お茶の泡に宿る景色などは、彼女の好むところだった。そして音のソムリエのような聴力。ギターの柔らかい音を複雑に味わい尽くすその力は、単に好きな音を味わいつくす聴力だけでなく、複数の感覚が融通無碍《ゆうずうむげ》につながり、さらに音や言葉に色彩を感じる共感覚にも助けられていた。

世界の見え方は一つではない

非定型インテリジェンスを持つ人々のなかには、特別な感覚の受容体を持ち、世界を直接体験し、視覚イメージや音、嗅覚などをそのまま記憶する人が少なからずいる。そのことは間違いないだろう。

とはいえ、直接体験には強度の違いや体験する内容の違いがある。また、それを他者に向かって表現する際、言葉に置き換えて表現する人もいれば、どちらかと言えば沈黙してしまう人もいて、そのせいで混乱してしまうこともある。

さらに、その経験を上手に表現できる人のなかにも、言語以外のメディア、たとえば絵画やマンガなどで表現することを好む人もいる。それこそ、本書で紹介したラレさん、葉山さん、コラさん、高橋さんは、みなそれぞれ感覚情報の受け取り方とその表現方法が違っていて、そこにバラエティに富んだ自閉的知性のあり方が発現していた。

これに対して現代の世間の仕組みは、その大半が「言葉」を媒介とした認知方法によって運営されている。学校教育では、美術や音楽、体育といった科目もあるけれど、やはり主要科目は「読む・書く・聞く」ことを媒介として教えるし、それが上手な場合には「できる子」とみなされる。

つまり人間は、言葉によって生成されたさまざまな既成の概念と価値観を伝えることで、次の世代を教育しようとしているわけだ。問題なのはその過程で、常識や既成概念のフィルターを経て見える世界が、唯一の世界だという思い込みができあがり、柔軟な思考ができなくなってしまうことだ。

しかし、世間の認識の枠自体が揺るがされるような状況に置かれたときは、どうだろうか。人生においては、予想もしない出来事に自分の力で立ち向かわなければならないことのほうが多い。とくに社会が早いスピードで変化しつつあるときには、過去の世代の常識は役に立たないこともある。

最近、教育の分野では「レジリエンス」を育むことの大切さが強調される。「復元力」

とか「弾力性」などと訳される言葉だ。つまり、逆境から立ち直るしなやかな心や、前例のないような事態に対処したり、困難があっても断固としてイノヴェーションを行ったりする力を指す。それは、単に学校で教えられた概念や価値観を取り込むだけでは養えない。

マインドフルネス・ブームの背景

では定型の人間が、概念でガチガチになった自己を解放し、しなやかに「今」という瞬間を最大限に生きるには、どうしたらいいのだろうか。身体全体を自然へと開いて、もっとありのままに世界を経験するにはどうしたらよいのだろうか。

その一つの方法として、近年世界的に流行しているのが「マインドフルネス」だ。このトレンドが、瞑想などによって感覚を世界に全解放する「直接体験」を重視していることは驚くに足りない。

ラレさんが誰に言われるでもなく実践していた「ヴィジュアリゼーション」は、実はこの瞑想とよく似ている。いや、ラレさん流の瞑想そのものと言っていいだろう。ラレさんと交わした丘の上の対話では、彼がそのヴィジュアリゼーションを、なにか深いものに直接触れる精神的な体験として捉えていることもわかった。

いたずらに神秘主義的な解釈を勧めるわけではないが、非定型インテリジェンスの持ち主が、言語では認識しきれない世界のあり方を、人とは違う鋭敏な感覚知覚作用で直感する場合がある。ラレさん独自の瞑想によって見える世界、そしてそのような世界が与えられる経験について、ラレさんがスピリチュアルな感じを持つことはまったく不思議ではないと思う。繰り返すように、自閉圏の認知特性を持つ人々のなかには、言葉によって切り取られた既成の概念や世間の物の見方とは異なる世界を見ている人がいるのだ。

もちろん、コラさんのように論理や理性に重きを置き、目に見えない神秘の世界には興味を惹かれない人もいる。だから、先に述べたことがすべての自閉圏の人に当てはまるわけでないことは言うまでもない。

一方で、言語や論理、科学などに強く集中している人、つまり世界を言葉に置き換えて認識する特性に強みを持っている人でも、神秘的な精神世界に強く惹かれる非定型インテリジェンスの持ち主もいる。とくに、世界を言葉に置き換える前に見たままを認識する視覚優位の人は、自然と世界を直接体験する感覚を強く持つ傾向があると言えるだろう。

こうした感覚特性が珍しいからといって、それがそのまま「才能」として生かされるわけではない。ある才能が社会的評価に結びつくかどうかは、その才能の種類や強弱だけでなく、さまざまな社会的環境や時代のニーズ、運にも影響されるからだ。

だが、自閉的知性の持ち主の認知特性の一部は、さまざまな分野で「天才」と言われるような人々の特性と地続きで踵を接している。自閉症的な認知特性と地続きの部分をもった非インテリジェンスの持ち主で、歴史に名前を残すような素晴らしい仕事を成し遂げた人々は少なくない。

以下では、何人かのそういった天才たちの認知特性とその創造性について、考えてみることにしたい。

宮沢賢治と共感覚

すでに第2章でも触れたが、宮沢賢治も自閉的知性を持つ人に特有の世界観、独特の感覚知覚の世界が、彼の創作の秘密になっていた。

賢治といえば、教科書にも載っている「雨ニモマケズ」の詩が浮かぶ。そこに現れた規則的でストイックな生活への憧れは、自閉圏の人によくある行動パターンだ。

ところで、賢治の童話や詩などの作品について、表現が独創的だが一見奇妙で、理解しがたいと感じる人も多いのではないだろうか。そのメタファーの使い方は、明晰という言葉の反対方向にある。しかし、自閉症スペクトラムの人々の世界を鏡として、その視点から賢治の文学を見直すとかえってわかりやすくなる。少なくとも私にはそうだった。

それはたとえば、ラレさんのように「映像で考え」、しかも瞑想的な実践をする人の世界である。あるいは、高橋紗都さんのようにすべての感覚がとても鋭く、しかも共感覚もある人の世界のことである。そうした人たちに出会い、そうした非定型の認知の視点から賢治の詩や童話を読むと、「そうそう、そんなこともあるのだろうな」と腑《ふ》に落ちるのだ。賢治は、明らかに一般的なNTとは、見えるもの、感じるもの、聞くもの、匂うもののレベルが違っていた。

その一方で賢治は、科学的なものへの憧れも抱いていた。子どものころは、鉱物が大好きな少年だったという。やがて彼は、動植物学や地質学などを学び、農学校の教員となる。ある農学校の生徒は、教師であった賢治の人並み外れた感覚の鋭敏さについて、次のように証言している。

先生はこう言った。君ら、この空気のにおいがわからないか。卯の花の花粉がいっぱい飛んでいて、実にいいにおいだ！　もちろん、わたしにはそんなにおいはしないんです。

ところが、それから少し歩いていくと、通路の両側に卯の花――アカシアだったかもしれない――が、あって、それが満開だった。夜の空気が、急にむせ返るほどににおい立った。

（佐藤成『証言 宮澤賢治先生』農文協）

そして賢治は、時には生徒たちの前で子どものように、アカシアの花の下やクローバーの花の野で踊りだしたり、稲田の向こうに月が出るのを見て、声をあげて喜びの声をあげたりしたのだという。

賢治は、匂いや色彩や音が、敏感かつ鮮明に感じられたらしい。しかも、それらの感覚が不思議なつながりを見せていたらしいことは、賢治の友人や家族、教え子たちが口々に語っている。賢治の友人であった医者、佐藤隆房は次のように証言している。

賢治さんは（……）目で見たものは耳から聴いたように、耳から聞いたことは、目で見たように、自由に感じ得られる人でありました。ですから色を見ましては、感情となったり、形となったり、音楽となったりしますし、形を見ましては、色となったり、音となったりし、音を聞いては色とか形を思い浮かべ、それが叙情の詩となる人でありました。

（佐藤隆房『宮沢賢治』富山房企畫）

賢治はどうも形に嗅覚を感じたり、音に景色を見たりもしたようだ。つまり賢治は共感覚があったというのだ。

文字や数字に色を感じたりする共感覚は、理性に反するヘンテコで幻のようなものだと思われたり、まるでオカルトのような特殊能力だと思われることもあった。だが今では、現実に存在するマイノリティの知覚であることが、ほぼ科学的に実証されている。賢治の場合は、その融通無碍な複数の感覚間のリンクが、他の人には真似のできない独創的な言葉遣いに現れているのだった。

「見えるもの」と「見えないもの」

賢治が全身を受容体のように澄まして世界に感覚を開いていくとき、彼は動物や植物などの自然そのものになる。それは、動物に心を開き、動物の眼で世界を見ることができるという、テンプル・グランディンの感覚世界とも通じるものがある。グランディンは、その著書で次のように述べている。

ふつうの人が自閉症の子どもを「自分の狭い世界に閉じこもっている」と判で押し

たようにいうのを聞いて、いつもなんとなくおかしくなる。動物を相手にしばらく仕事をしていると、ふつうの人にも同じことがいえるのがわかってくる。彼らがほとんど受け入れていない広大な美しい世界があるのだ。たとえば、犬は私たちには聞こえない音域の音を聞いている。自閉症の人と動物は、ふつうの人には見えない、あるいは見ていない視覚の世界を見ている。

（テンプル・グランディン、キャサリン・ジョンソン『動物感覚』中尾ゆかり訳、NHK出版）

賢治は、動物や虹など自然のなかで具体的に見えるものを書くことにより、読者には見えないが、彼にはたしかに見えるものを伝えようとした。そして、鳥や動物、植物、風や雲から学んだ真実を、他の人には真似ができない独特の表現で、詩や童話として結晶させた。

これらのわたくしのおはなしは、みんな林や野はらや鉄道線路やらで、虹や月あかりからもらってきたのです。（……）ほんとうにもう、どうしてもこんなことがあるようでしかたないということを、わたくしはそのとおり書いたまでです。

（宮沢賢治『注文の多い料理店』の序文より）

賢治によれば、それは自然のなかで彼が真実に見て感じたことだった。受容体のように敏感な彼の五感を通して、見えるもの、聞こえるもの、感じるものを書くという行為だった。賢治は、心に映った視覚的な風景を言葉でスケッチすることを「心象スケッチ」と呼んだ。

人より鋭敏な身体的な五感を通じて、具体的に見えるもの、聞こえるもの、匂うものを描くこと。それによって、その奥にある見えないもの、つまり心の奥でしか見えないもっとも大切なものを語ること――それが賢治の方法だった。

リアルと仮想を分けることの無意味さ

また賢治の文学では、その心の奥で感じる直接経験の深みが、法華経への信仰に結びついていたことも忘れてはならない。

法華経のクライマックスでは、七宝に荘厳された宝塔が地面から空中に湧き上がり、それを無数の菩薩が礼拝するという、壮大で輝きに満ちたメタファーでその世界観が表現される。それは、賢治にとって素晴らしいヴィジュアリゼーションへの招待だった。さらにそれは、おそらく彼がもともと見ていた心のもっとも奥にある心象世界と合致していたであろうし、子どものころから鉱物が好きだったという感性や色彩への強い反応とも共鳴したはずだ。

法華経の輝く世界観は、経典というヴァーチャルの世界に刻まれた言葉だ。しかし、賢治の感性にとってはリアル以上にリアルな世界、五感の感覚を動員して感じられる世界だった。仮想とリアルの違いを語ることは、賢治にとって無意味だったろう。リアルもすべて彼の仮想のなかにあったのだから。

宮沢賢治の文学は、「アリス」の世界が大好きだったラレさんの世界にも通じていた。孤独な心の深奥から湧き出す心象であること、心の奥の真実性を正直に表現するとそこに異様な美しさと緊張があることが、共通点であった。

賢治は、見えないものが見える場所を、架空のおとぎ世界「イーハトヴ」と呼んだ。『注文の多い料理店』の広告文で、賢治自身がこう書いている。

> イーハトヴは一つの地名である。強て、その地点を求むるならばそれは、大小クラウスたちの耕してゐた、野原や、少女アリスガ《ママ》辿つた鏡の国と同じ世界の中、テパーンタール砂漠の遥かな北東、イヴン《ママ》王国の遠い東と考へられる。
> 実にこれは著者の心象中に、この様な状景をもつて実在した

ドリームランドとしての日本岩手県である。（……）
これらは決して偽でも仮空《ママ》でも窃盗でもない。
多少の再度の内省と分折《ママ》とはあつても、たしかにこの通りその時心象の中に現はれたものである。故にそれは、どんなに馬鹿げてゐても、難解でも必ず心の深部に於て万人の共通である。

（宮沢賢治『宮沢賢治全集〈8〉』ちくま文庫）

こうした言葉を鏡に映すと、ラレさんが仮想空間のビックリハウスで表現していた世界と賢治の世界は、時空と文化を超えてつながっているとしか思えない。

文学を読み解こうという営みも、自閉症という知性を知ろうとする努力も、そのなかにある物語をたどるという意味で、あい通じるものがある。

ニューヨークのコロンビア大学に「ナラティブ・メディスン」（物語と医療）というプログラムがある、そこでは、医療関係者や臨床を目指す学生が、文学を深く読んだりすることで、患者の病の物語を感じ取る力を養う。ただしこれは「病」をどう捉えるかという観点から、医療と人文学を融合する動きだ。私はその「病」というカテゴリーをもいったんおいて、人間の知性のあり方の一つとして、自閉圏の人々の語りを聞いてきた。

文学は、人の美しさや醜さ、悲しみをトータルでとらえる。たとえ馬鹿げて見えたとしても、そこに真実がなくては、時代を超えて人の心を打つことはない。自閉圏の人々のような非定型インテリジェンスと向き合い、その主観経験を解釈するには、とおり一遍の解釈では不十分だ。文学者やアーティスト、宗教者などの人生と、彼らがつむぐ物語が力を与える場合がある。とくにその文学者が、自閉圏的な知性の持ち主であればなおさらである。

「森の生活」と非定型インテリジェンス

アメリカの作家で、森の隠者と言われることもあるヘンリー・デイヴィッド・ソロー（一八一七–六二）の生き方とその著作にも、自閉的感性が感じ取った直接経験の世界のほとばしりを感じることができる。

彼の代表作『森の生活』は、ウォルデン湖の自然のなかに小屋を立てて暮らした、一八四五年七月四日から二年二か月二日にわたる自給自足生活の回想録だ。二〇一七年はソローの生誕二〇〇年で、一〇冊以上の彼に関する新しい著作が出揃った。ソローは、アメリカでは今でも一つの文化的アイコンなのだ。日本でいう夏目漱石なみの国民作家といっていいだろう。

とはいえ、ソローは小説を書いたわけではない。森のなかでの孤独で静謐な生活、具体的な石や湖、動物や植物などを細密に描写してみせただけだ。ソローはその静かな森の小屋で、誰にも支配されず自立して生きる方法を探った。ある意味でとてもアメリカ人的に独立と自由を求めたのだった。

ある男の歩調が仲間たちの歩調とあわないとすれば、それは彼がほかの鼓手のリズムを聞いているからであろう。めいめいが自分の耳に聞こえてくる音楽にあわせて歩を進めようではないか。

（H・D・ソロー『森の生活（下）』飯田実訳、岩波文庫）

自分だけに聞こえる鼓手のリズムに誠実に――まるで「自閉的独立宣言」のようだ。自分の生きるルールは自分で決める。それがソローのこだわりだった。森に隠遁することにしたのは、外の生活にいっぱいいっぱいになってしまったからだが、自分のやりたいことだけに集中する生き方は、彼の気持ちを和らげ落ち着かせた。

ソローの生涯は、高機能自閉症スペクトラムの診断のための表を一つ一つ埋めていくかのようで、アスペルガー的な行動パターンやエピソードでいっぱいだ。たとえば彼は、社交的スキルがまったくなく、食事も決まったものを食べることを好んだ。また、ウォルデン湖周辺の動植物の目録づくりには、生涯にわたって徹底的なこだわりを見せた。

孤独を深く愛し、頑ななまでに規則正しい生活を好み、こだわったことには熱狂的に集中する――そうした自閉的知性が、ソローのクリエィティビティに深く関わっていると考える人は多い。

またソローは、まるでタカのように細部を見る鋭い視覚を持っていたようで、遠くからでも小鳥の姿をとらえ、その種類を識別することができたという。『森の生活』においても視覚優位の観察力が遺憾無く発揮されていて、湖や動植物の描写が美しい。

そこで「冬の動物」として挙げられているものだけでも、何十種類もの動物がリストアップされ、湖の四季の変化を描写するにもさまざまな色が列挙される。このように列挙して、揃えるというところにも、ソローの自閉的感性が遺憾なく発揮されている。見えるものをなるべく細かく、そのままに羅列する傾向は、ソロー自身も気が付いていた。最初から全体を見るのではなく、細部をまず十分に観察して、それを積み上げていくという自閉的認知の方法を執筆に生かしたのだった。

ソローはなぜ森にこもったのか

自然と一体になるといっても、ソローは賢治のような神秘主義的な幻視体験を語らなかった。むしろ、目で見たことや生活のディテールを畳み掛けるように描きこんだ。また、ソローは社会との接触をまったく拒否したわけではなく、自分が中心になって知識を教えることは好んだ。彼の生活が、できるだけ自分好みのルールで推し進められるように、森の生活へと突き進んだのだ。

それは、コラさんがヘッドフォンを使い、感覚過敏に備えるさまざまなツールを収めた二二のポケットがあるベストを着て、社会に対峙していたことを思い起こさせる。ソローの理性的で饒舌なところも、コラさんに似ているかもしれない。

ハーバード大学のある街からウォルデン湖畔までは、今では車ですぐに行ける程度の距離で、隔絶された地域というわけではない。かくいう私も、大学の恩師を訪ねる途中、ウォルデン湖にも立ち寄ったことがある。

ちょうど紅葉も終わるころで、水面は金色に輝いていた。だがそこは、湖というよりも池と言ったほうがいい大きさで、ソロー作品のおかげで世界中に名前だけは知れ渡っているものの、なにげなく静かな場所だった。まるで池を中心とする日本庭園のように、人の手で作られた印象さえした。

しばらく池の周りを歩くと、すぐに日が暮れてきた。人影もない。やがて月が水面に映った。ソローが類いまれな宝石をはめ込んだ、完璧な「森の鏡」と呼んだ一瞬が蘇った。そこが現代のセカンド・ライフと重なった。あの仮想世界も、常に隅々まで完璧なのだ。

ラレさんが仮想空間に作ったビックリハウスは、(デジタルの)空中に浮かんでいた。そこは静かで、人に邪魔されることがなく、自分のやりたいことができる——ラレさんはそう語っていた。ラレさんがそこで孤独を求めるのは、ただ人との接触を避けるのが目的ではなく、デジタルの仮想世界でこそ、何者にも邪魔されずになしたいことをなせる自由があるからだった。

「まったく統治しない政府が最良の政府」と考えたソローもそうだった。彼が生きた時代には、貨幣経済がコンコードのような村にまで押し寄せ、人々は金のために時間と自由を失っているように思えた。ソローは、自分が本当にやりたいことのために人生を使うことこそが自由だと考えた。そのために、森での自給自足の生活を試みたのだ。自分で小さな小屋をたて、ささやかな畑をつくり、自分が静かに暮らせる環境を作ろうとした。

自閉症的知性が世界を変えた

ところで、ソローは教団としての宗教にあまり関心がなかった。しかしそれは、教会の教えをそのまま踏襲するという方法をとらなかったというだけのことだった。

ウォルデン湖は、彼にとって神と天国にもっとも近い場所だった。自然のなかのシンプルライフで自らを純化し、超越的な存在に近づく――それこそが、個人の直接体験を重視し、内在する神を求めるソローのスピリチュアリティのあり方だった。なによりも、内なる新大陸や新世界を探す宇宙地理学者となり、「汝自身を探検すべき」だというのがソローのメッセージだ。

つまり彼は、「魂を耕す」という宗教が伝統的に担ってきた役割を、自然のなかでの生活経験をもとに、自分なりの生活の技法（アート・オブ・ライフ）として、まことにパーソナルな形で実践し、その方法を惜しみなく開示したのだった。それも、普通ならば人には見せたくない収入から細かい生活の支出の数字まで、几帳面にこの本に書き込んだのだから恐れ入る。自分にも他人にも正直でなければ、できないことだろう。

こうした透明性や正直さ、道徳的な態度は、ある種のアスペルガーの人によくある性向である。こんな形で個人としてのスピリチュアリティの技法を実践的な方法で公開する人は、あの時代――日本でいうと明治維新に向けて倒幕の嵐が吹き始める直前――のアメリカでは滅多にいなかった。

のちにソローは、とくに奴隷制とメキシコ戦争に反対して「政府には税金を払わない」

と宣言し、牢屋に入れられたことは有名だ。そのため、現在では環境問題だけでなく、「市民的な不服従」という観点からも、さまざまなアクティビストがソローの精神を賞賛している。

自閉症という角度から、ソローを研究したジュリー・ブラウンという女性がいる。その研究によれば、ソローは若いころから自閉症の人には珍しくない、頑固で非従属的な言動を見せていた。しかし、晩年にはそれを自分中心の生き方ではなく、公共の哲学にまで発展させたので、大きな影響を与える人物にまでなったのだと分析する。ソローが「市民の抵抗」（一八四六年）を書いたころには、規範を破って常識の逆をいくことの意味を、直接的な市民的不服従、非暴力の抵抗の哲学として昇華させていたからだ。

ソローのように、歴史上でも有名な非定型インテリジェンスの持ち主たちは、「世間の当たり前」ではなく、自分自身が心の底から感じられることを信じ、粘り強く実行したからこそ、歴史に名を残す天才と言われるようになった。

たとえばガンジーは、ソローの「市民の抵抗」に触発され、非暴力不服従の運動でインドを独立させたといわれる。また、米国の黒人公民権運動をリードしたキング牧師も、ソローの哲学に言及している。実際、キング牧師が初めて非暴力市民的不服従という考え方に出会ったのは、ソローを通じてだったという。

ガンジーやキング牧師は、政治的天才でカリスマだ。人の心を知り尽くして、それを動かすことで社会的目標のために組織できる人でもあった。その一方で、森の隠遁生活を送ったソローは、彼自身が人々を動員・組織し、社会変革を促すことはなかった。しかし、ソローが心の深層から突き上げる力に動かされるように書き上げた随想と市民的不服従の行動は、たしかに世界を変えたと言えるだろう。

日本中世に現れた天才・明恵

歴史上の宗教的な天才といわれるような人々のなかにも、非定型インテリジェンスの鋭い眼差しを感じさせる人々が多くいる。そういう眼差しを「病的」だと切り捨てたら、人類の文明とその精神生活は、さぞかし平べったく貧しいものになっていただろう。

そうした宗教的天才の認知特性を、われわれが今考えがちな医療的認知モデルで捉えることはできない。自閉圏の認知特性は全球的にスペクトラムなのだが、宗教的天才の認知特性も、普通の医療的なカテゴリーを簡単に越境してしまうからだ。

たとえば、京都栂尾《とがのお》の静かな山中に、かつて明恵《みょうえ》高弁《こうべん》という高僧がいた。

明恵は、栄西、道元、法然、親鸞、日蓮など鎌倉仏教の開祖たちとほぼ同時代の名僧だが、新しい仏教の開祖たちのように、新仏教の有力な宗派を作り上げ、後世まで広く影響を与えたわけではない。明恵は、当時奈良に本拠を置く旧仏教が尊崇する「華厳《けごん》」の学統で修行したので、むしろ鎌倉仏教に対峙する立場にあったとされる。

ただし、そうした教科書的な説明はここではあまり意味をもたない。生涯にわたり森林のなかで禅定を極めた明恵は、その意味で禅宗にも近かったし、なによりあくまで個人としてその信仰を深め、修行した。また、自分の宗教体験を深く記録し、周りにいた人々に深い影響を与えた。

現代のように、スピリチュアリティを個人の問題として捉える時代になると、明恵の生き方は宗派の開祖たちとはまた違う魅力を湛えている。その生涯は、河合隼雄や白洲正子、桶谷秀昭などの二〇世紀後半に活躍した第一級の知性を魅了してきた。

明恵の画像というと、森のなかで木の上で禅定を組む有名な「明恵上人樹上坐禅像」がある。この時代の高僧の肖像画にはない、ユニークな形だ。だいたい、こんなに森を描き込み、木の上に根を下ろしたように座る僧を描くという不思議な構図は、他に見たことがない。そこには小鳥も描かれ、明恵が森の小動物を愛し、自然との一体感の中で禅定に励んだ姿が描かれている。その点、明恵の姿はソローの森の生活を思い起こさせる。

明恵の生きた時代は、時代の変わり目、戦乱の時だった。社会は液状化し、明恵もその時代に翻弄された。幼いときに母をなくし、父である平重国も戦死した。そうした孤児によくあるように明恵は出家した。それは強いられたものというより、自ら強く望んで仏道に入ったという。のちに高僧と言われるようになってからは、尼となった戦争未亡人たちを庇護したりするなど、優しさを湛えた人柄だったらしい。

境界の垣根を軽く超えてしまう感性

その一方で彼は、明らかに非定型の知性を持つ人に特有の激しさ、独特の視覚など感覚の鋭さ、それに自分の感情への正直さも持っていた。

たとえば、子どものときから出家したいと思っていた明恵は、父親が幼い息子の顔貌が美麗であることから、宮廷に出そうと考えていることを知り、縁側から落ちて顔を傷つけようとしたり、自ら顔を焼こうとしたと伝えられる。さらに、ティーンエイジャーのころには自殺未遂も試みた。二四歳のときには画家のゴッホのように、本尊の前でカミソリを手にして自らの右耳を切りとった。

こうした行動は、誰もが今より宗教的であった中世でこそ、まさに聖人の若いころにふさわしいと受け取られたようだ。しかし、もし今の時代の言葉で表すとどうなるだろう。明恵は若いころに自傷行為を繰り返したと、「病態」として描かれるかもしれない。

彼は、当時の堕落した僧侶への批判を隠そうともしなかったが、また人間の弱さも知っていた。自分の身体容貌を傷つけたときも、当時見下されていた身体不具となれば、生涯美々しい世間的な栄誉に惹かれることもないと考えたらしい。明恵が耳を切ったのは、彼が若いころから守り本尊として崇めてきた「仏眼仏母尊《ぶつげんぶつも》」の前だったという。「栂尾明恵上人伝記」は、赤い血が仏具や本尊にまで飛び散ったと伝える。なんともすさまじい。

明恵は、ヴァーチャルとリアル、心とモノの垣根を簡単に超えてしまう傾向もあった。だからであろう、有名なエピソードに、彼が「島」に手紙を書いたというものがある。

京都栂尾に移る前、明恵は和歌山の白上の峰で修行していた。そのとき、折に触れて訪れた紀州の苅磨《かるま》という島に、「なつかしい」と手紙を書いたのだ。島に向かって「その後おかわりはないですか」と問い、一別以来、機会がなく訪れていないことを残念がる。それから、ひとしきり華厳の世界観を開陳し、心とモノの境界はないことを語った後、「島」を思い出しても懐かしくて涙が出る、と心情を述べる。まるで「島」へのラブソングだ。「手紙」を預かった弟子が当惑して、どこに届けるのかと聞くと、「栂尾の明恵房よりの文にて候」と声高く叫んで、島のなかに打ち捨ててくればいいと答えたという。

ここに見られるのは、非定型インテリジェンスの持ち主によくある、既成の境界の垣根をヒョイと超えてしまう感性だ。さらにそれは、人と生き物、そしてモノにまで平等に命を認める、華厳経の世界観とも一致していた。

夢という仮想空間

なかでも特筆に値するのは、明恵が自身の「夢」を意識的に研究する行為を生涯かけてこだわり抜いた、ということだ。フロイトやユングの時代の話ではない。日本の中世だ。それも一九歳から死去する一年前まで、約四〇年にわたり「夢記《ゆめのき》」という自分の夢の記録をつけ続け、その象徴するものを考え続けた。高山寺に残っているだけで一六篇、特徴のある自筆で書かれ、ときどき夢に現れた神仏のイラストまで入っている。私は明恵にとって、夢は彼岸のかなたから訪れる仮想世界、自分の覚醒時の意識では限界のある自己意識を探るツールだったのだと思っている。

たとえば、建久七年（一一九六）、明恵は次のような壮大な夢を見ている。金色の二羽の「大孔雀王」が現れ、世界を覆うように、キラキラと宝石で荘厳された羽を伸ばす。この孔雀が、明恵に二巻の経典を渡すのだが、その一つには仏眼如来、もう一つには釈迦如来と書いてあったという。きわめて色彩に富んだヴィジュアルな夢だ。

明恵は、美しい白蓮の上に座る仏眼仏母を尊崇していた。明恵が念持したこの図像は、幸いにも今も国宝として残っていて、明恵自筆の賛文「無耳法師之母御前也」などの言葉も記されている。仏眼仏母を本尊としていたのは、河合隼雄が分析するように、早くに亡くした母への思慕と重なるのだろう。

ただし、それだけではない。仏教では「眼」は仏の知恵の象徴、仏眼はそれを神格化したものである。明恵の場合は、それが彼の視覚優位の認知方法による直接体験の実感にもつながっていたのではないか、と私は思っている。おそらく明恵自身は映像記憶の人で、夢でも覚醒時でも、修行のなかで常に映像を直接体験していた。それを積み重ね、導かれながら、信仰と修行を深めていった。仏眼には、そのことが反映されていたのだろう。

「明恵上人伝記」には、一三歳の彼が見た夢が記されている。それによると、弘法大師が寝ておられる枕元に、二つの眼の水晶の玉のようなものが置かれていた。それを給わって袖に包み持ち、宝物をいただいたと思ったら目が覚めたのだという。ここまで仏眼にこだわるのは、単に仏の叡智の象徴としての仏眼ではなく、心の眼を通じての直接体験が彼の宗教体験の根幹を成していたからではないかと考えたくなる。

また、「高山寺明恵上人行状」によれば、明恵は一九歳のころには、毎日「仏眼法」を修行するようになっていたという。このころ、自身が仏眼如来になる夢まで見た。もしかしたら明恵は、認知科学でいう直観像保持者（映像がそのままに記憶保存される）の脳神経回路を持つ人だったかもしれない。

夢は彼の仮想空間でもあった。もちろん明恵の時代にデジタルの仮想空間はない。けれども夢は、自分のなかのことでありながら、覚醒時のような既成概念や身体的環境に縛られず、自我のコントロールが効かないだけに、思わぬ展開が降ってくる。それを明恵は、超越的なものからもたらされると考えた。覚醒時に考えたこと、修行したことが、しばしば夢のなかで暗示として現れた。それだけに、覚醒時とはまた違った意味の、深い宗教体験だったのだろう。

さらに明恵は、夜寝ているときだけでなく、瞑想時や経文を唱えているときに見る夢想も夢と考えた。狭い意味で自我のコントロール外にあるからだろう。つまり、夢は彼の意識の実験場だった。覚醒の経験、瞑想の中の夢想、そして夜に訪れる夢は、イメージの直接体験の複数の形として融通無碍に通い合い、補い合っていたのだ。

仮想空間での自分にスピリチュアルな感じを得ていたという点では、まさにコンピュータスクリーン上でアバターという分身の力で、自分の限界を超えてきた自閉症アバターたちにも通じるものを感じる。

誰にでも現れうる特殊な認知特性

脳神経科学は目覚ましい進歩を遂げ、さまざまなかたちで脳を計測する機器も改良が進んでいる。しかしそれでも、まだ科学は脳神経回路の客観的な地図、それも認知特性の個性を表現できるほどには進んでいない。そして、たとえ精密に脳の地図を作ることができる日が来たとしても、それはダイナミックに動く脳のリアリティとは違う。

自閉症的知性をどう捉えるかという問題は、私たちが世界をどんなテリトリーにわけて認識しているか、ということに関わってくる。

世界地図を考えてみよう。普通まず思い浮かぶのは、国ごとに色分けしたりした、国境線を境界とする地図だ。しかし、山や海、川などの自然を中心に描いた世界地図ならばどうだろう。それはまったく違った印象の世界地図になる。

また、自然を中心としたものでも、川や地下水の水系ネットワークを描いた世界地図だと、これもまったく違った地図になるだろう。思わぬ地域が国境を超え、水のネットワークでつながっているということもありうる。気温や気圧のような気象データの世界地図も作れそうだし、年間降雨量の地図も作れるだろう。気象データでつながっている地域は、国境という人工的なテリトリーとはまったく違う境界とつながりを持っているだろう。

つまり、世界のテリトリーの分け方は一つではないのだ。カテゴリー（境界）の決め方によって、地図はいかようにも作ることができる。そして、そうしてできた地図と生きた地球の現実はまた違う。

脳の認知特性を考えるうえでも同じようなことが言える。自閉的な特性の一部が、全体としては適応障害を起こしていない一般の人に現れる場合がある。また、共感覚や絶対音感、視空間イメージの三次元での長期メモリー保持などは、自閉圏の人にもそうでない人たちにも、いわゆる天才を含むさまざまな人に現れる場合がある。

喩えるならば、それはタンザニアとケニアの国立公園地帯で大移動するヌーの群れのようなものかもしれない。ヌーの群れは、数万から数十万にまで膨れ上がると言われるが、そこがタンザニアかケニアかなど、彼らには関係のないことだ。その意味では、たとえば感覚過敏や共感覚のような現象は、自閉症スペクトラムと診断される人にも、そうでない人にも現れるヌーのようなものだ。

だから、宮沢賢治のような文学的天才の心の眼が、自閉的な認知と感覚にとぎすまされたものだとしても不思議ではない。同じように、明恵の宗教的天才と、自閉圏の人によく見られる視覚優位で映像記憶の特性とのあいだに共通のものがあっても、それは驚くにたりない。

非定型の世界を訪ねるアリス

第1章で私は、仮想空間の自閉症アバターの世界に飛び込んだ当初、まるで「鏡の国」に入り込んだ不器用なアリスのようだった、と書いた。これは偽らざる実感だ。

私の「方法」は、できるだけ自閉症当事者の方々が緊張せずに、自然でいられる環境のなかで（つまり私には少々不自然でも）交流する、というやり方だった。だから、私が不器用なアリスになったことは当然の結果でもある。定型と非定型のあいだには、どうしても「何を当たり前と考えるか」という前提が違う場合が多い。そして、これは頭でわかっているだけでは十分でない。だから、時間をかけ、しかもなるべく当事者たちが自然体でいられるコンタクトの方法を取るようにした。

『不思議の国のアリス』の作者で、数学者でもあったルイス・キャロルが、かなり色濃くアスペルガー的な人であったことはすでに述べた。実生活での数々の奇妙な逸話は、相貌失認から話し言葉の言語障害、社交技術の欠如にいたるまで枚挙にいとまがない。しかし彼は、実際の社会生活では臨機応変の対応ができないし、同化はできないものの、何が世間の常識で、彼の感じている世界がどう多数派の世界からは奇妙に見られるのか、よくわかっていたのだと思う。

アリス作品は、自閉的世界観と定型世界の対比と交流から成り立っている、と思う。彼自身の自閉的な感覚から感じられる世界観を、アリスという好奇心いっぱいだが常識的な感じ方をもっている子どもの目から描くという方法だ。キャロルが彼自身の主観世界を描くために、アリスというエスノグラファーを意図的に置いたとしか思えないような、構造を持っている。

ウサギの穴の下の世界や鏡の向こうの世界、トランプの女王や王様、ハンプティダンプティ、それにおしゃべりする花たちが出てくる世界——アリスの物語は、起きる出来事がとにかくデタラメで、思いもかけぬことが起こる。一つ一つの支離滅裂なエピソードと次に起こることとの関連がないので、起きる順番が変わっても困ることがない。おそらく童話的なファンタジーに形を変えているとはいえ、これはキャロルの主観的な自閉的世界観に近い描写なのだろう。

ところがそこに、子どもでありながらも、やや常識的な目をもつアリスが登場する。アリスの「常識」は、ウサギ穴の下や鏡の向こう側ではまったく通用しないし、むしろバカにされる。常識と非常識、定型と非定型、多数派と少数派が、ここでは逆転しているのだった。

と同時に、アリスはヘンテコな登場人物にも恐れることなく、びっくりしながらもそれぞれきちんと挨拶対応する。つまり、対等の人間・生き物として認めることから会話が始まるのだ。彼女は、奇妙に見える登場人物たちが開陳する世界についても、勝手に自分の基準で判断せず「そんなこともあるか」と受けとめる。

アリスは、懸命に不思議世界の全体像を得ようとするが、思わぬことばかり起こって、世界の構図はよく見えてこない。自分の大きさや形も変わってびっくりする。しかし彼女は、探していることとは別の、なにか素敵な発見を偶然にしてしまうことがよくある。私は、「アリス」はエスノグラファーの立ち位置の難しさと発見の醍醐味を、上手に表現してくれているように思う。

「慣れ」が生む無知

自閉症に限らず、非定型インテリジェンスのあり方を知ろうとする定型の人間は、まるで「メビウスの輪」の上を転がる球のような経験をする。まっすぐ歩いているつもりなのに、結局自分自身という出発点に戻ってくるのだ。

進んでいるはずなのに元の地点に戻ってくる――「無限」を表すと同時に、閉じた空間の有限さを表すメビウスの輪の不思議は、エッシャーによる錯視の版画作品にもたびたび出てくるモチーフだ。

無限、繰り返し、循環などに対する極端な偏愛は、エッシャーの資質に深く染み付いていた。澁澤龍彦《しぶさわたつひこ》は「この画家は生まれながらに、いわばトポロジカルな感覚の持主だった」と言っている（『幻想の画廊から』青土社）。

エッシャーに影響を受けているラレさんのビックリハウスにも、その感覚はシェアされているように思う。その迷路のなかを歩いていると、元に戻ってしまうことが何度もあった。他者を知ろうとすることは、自分を知ることに通じる。他者を知ることの困難性は、そのまま自分自身に対する無知を思い知るに通じる。それは、結局「元の地点に戻る」ということに通じている。

われわれは、慣れ親しんだ街を歩くのにガイドブックは使わない。私はもう二〇年以上ニューヨークに住んでいるが、まるで慣性の法則のように、結局はマンハッタンの自宅と勤務先あたりの細長い帯のような地域を行ったり来たりすることが多い。ところが、ガイドブックや雑誌の特集を手に日本から来た友人が、私よりもよくニューヨークのトレンド・スポットを知っていて、びっくりさせられることもある。

これと同じことが自分の認知特性にも言える。慣れ親しんだ、自分の神経構造の特徴を知ることは難しい。「よくわかっている」と思っていることほど、本当はよく知らないことがある。「慣れ」は、無自覚からくる無知を生むのだ。

自分が多数派の脳神経の回路の持ち主だとしても、それがどういうことなのかはわかっていない。人間には、「慣性の法則による無知」とでもいうべき、意識の領域が広がっているのだ。慣れていると、それは当たり前になって、人はあらためて突き詰めようとはしない。

ところが自閉症スペクトラムの人々は、認知特性の違いにより、世界の与えられ方が大多数の人々とは違うので、生活のなかでも適応に障害を生じたり、思わぬことでびっくりしたりすることが多い。ラレさんのビックリハウスはその表象でもあった。普通の人ならば「慣性の法則」で乗り切れる場面も、チャレンジとなることがあるのだろう。しかしそのせいであろうか、私が今回取り上げた方々のように、そうした「びっくり」を深い自己省察へと発展させていることも多い。

非定型インテリジェンスを持つ人々は、その主観世界を開陳するなかで、随分と私を驚かせてくれた。私自身の「慣性の法則」から来る無知を打ち破ってくれた。時には、まるでしんしんと降る雪が突然やんで、あたりを見回すと視界と風景が急にひらけ、自分はこんなところにいるのか、と驚くようなことも何度もあった。

結局私は、メビウスの輪の上に乗って歩き続けたアリスだったようだ。元に戻ってきたとはいえ、また歩き出すときは、自分への眼差しや世界への目が前よりもいくらか開けていることだろう。

どんな人の頭脳のなかにも、どこか「世間の当たり前」や「普通のやり方」ではおさまりきらない、マイノリティの感じ方や見方があるものだ。その意味で、非定型インテリジェンスの一つのかたちである自閉的知性は、定型的知性とも文字通り地続きで、その間にはヌーの群れのように両方のカテゴリーを融通無碍に行き来する部分がある。

こうして自閉症というインテリジェンスのさまざまな形を知ろうとすると、結局は自分のなかにもあるマイノリティの要素を発見し、それを肯定して生きることにつながる。差異を知り、神経構造の多様性を認めることは、自分がより楽に生きることにもなるのだ。

そして、物の見方や感じ方のマイノリティの人々を知ろうとすると、自分や自分にとって大切な人々のなかにも必ず少しはある、普通ではおさまらない感じ方や脳の働きを、きっと愛おしく大事に感じられると思う。

おわりに

国文科出身で英語もろくにできない私が、ハーバード大学の社会学博士課程に入ったのは、フルブライト交換留学という戦後アメリカの置き土産のような制度のおかげだった。英語が話せないだけでなく、タイプも打てなかった。ゼミではほとんどしゃべれず、そのうえ車の運転もできなかった。

一見オープンに見えるアメリカ社会でも、高等教育や職場で正式なメンバーとなってみると、よそ者には見えにくいルールや価値観が幾重にも潜んでいた。いくつもの季節を繰り返すなかで、私はそうしたルールを身につけていった。

社会に潜んでいる障壁のなかでもがいている時代に、私の心のなかには不思議な高揚感があった。自分のものの見方の殻が破れている、という感覚があったのだ。日本人としての感覚や見方を変えるのではなく、相対化することができたからだろう。「自分のなかで何かが成長している」という初期感覚があったからこそ、日米を往還しながら社会学者としてやってくることができたのだと思う。

見え方・感じ方のマイノリティである自閉症という知性を持つ人々と交流するようになって、私は久しぶりに当時の焦燥感を思い出していた。しかし同時に、あのときの高揚感にも似た感覚を覚え、そのことに自分でも驚いた。自閉症スペクトラムの世界を知ろうとする感覚は、異文化を知ろうとする経験とどこかで似ていたのだ。

＊

近ごろ、私は「先祖返り」しているのかなと思うことがある。といっても、自分のなかの小さな知性史の話だ。若いころに興味をもって打ち込んだことをすっかり忘れ、長いことほかのことをやっていたのに、ふと気がついて見ると、結局以前やっていたことに戻っているのだ。いつか通った道を歩いている。人生はメビウスの輪の連続だ。

高校生のころ、日本の詩歌や小説に惹かれ、あまりものも考えず日本の古典文学を大学で専攻した。結果的に言えば、そのころの「国文学科」の授業はあまり私のメンタリティには合わなかった。その後、より社会科学的な分析に惹かれるようになると、やがて日本を飛び出して米国で社会学者となり、歴史社会学とネットワーク分析を専門とするようになった。社会学的な分析と歴史資料分析を結びつけるには、国文学のいくらかの素養が役立った。

しかし私が本格的に日本文学の分析を行ったのは、『美と礼節の絆――日本における交際文化の政治的起源』（NTT出版、二〇〇五年）でのことだった。この本はもともと英語で書いたが、幸い米国でさまざまな賞を五つほどいただき、個人的には思い出が深い本だ。ここで私は完全に先祖返りをすることになる。

この本の主題は、江戸太平のなかで、表向きの身分社会とは異なるやわらかな交際ネットワークに参加していた人々である。当時、武士から庶民までが文芸を習ってサークル活動に勤しんだが、彼らはいくつもの芸名をネットワークごとに使い分けていた。まさに複数のアバター、代理のアイデンティティを使い分けて、息苦しいはずの身分社会に風穴をあけていたのだった。

つまり、ネットワークごとに違うアイデンティティを使い分けることが、江戸社会では大人の人間のすることだった。西欧の個人主義は、個人を「分けられないもの」と考えるが、江戸の自由さは現代の仮想空間のアバター主義にも通じると言える。私が仮想空間のアバターに惹かれたのも、アイデンティティをスイッチしながら、仮想空間で自由を確保する自閉症アバターたちに惹かれたからだった。

本書で私は、診断など医療的な側面だけではその人はわからない、と強調してきた。だが、それも一つのアバター、分身だと考えたらどうだろう。いわゆる「症状」とともに、豊かで多様な精神世界があっても何ら不思議ではない。個人とは、複数のアバターのネットワークの集合体とも言えるのだ。アバター主義的な人間観は、人をちょっと楽にしてくれるように思う。

＊

どんな知的な旅も同行者がいてこそ楽しくなるものだ。

私のニューヨークの研究チームのなかで真っ先にお礼を言いたいのは、ステファニー・キュリアさん（アバター名はエリザ）だ。彼女は、長年私の仮想世界での助手を務めてくれて、私が仮想世界でラレさんを訪ねるときなど、いつも写真を撮ってくれた。院生のロバート・プロバーブさんは、エリザとともに、仮想世界での自閉症当事者自助会での参与観察を長年手伝ってくれた。また同じく院生のルイス・ツカヤマ・シスネロさんは、取材に同行してラレさんやコラさんの写真を素敵なセンスで撮影してくれた。

NHK出版の粕谷昭大さんは、日本語の書き下ろしに慣れない私に、最初から終わりまで的確なフィードバックと賢明な編集でサポートしてくださった。

このプロジェクトを通じて、友人の輪が日米に広がった。ラレさん、コラさん、葉山さん、高橋さん、そして今回は登場しなかったが、私のおぼつかないアリスの旅を支えてくれたたくさんの当事者の方たちに、心から御礼申し上げたい。

本書を通じて、私が感じた発見の喜びを少しでも読者と共有できたならば、これほどの喜びはない。それというのも、「鏡の国」に迷い込んだアリスのような私に、自身が感じる主観世界を一生懸命説明してくれた当事者の方々のおかげである。

二〇一九年二月

池上英子

池上英子 いけがみ・えいこ
ニュー・スクール大学大学院社会学部
Walter A. Eberstadt記念講座教授。
プリンストン高等研究所研究員。
専門は歴史社会学、ネットワーク論。
ニューヨーク在住。お茶の水女子大学国文学科卒業。
日本経済新聞社勤務を経て、
筑波大学大学院地域研究科修士課程を修了、
ハーバード大学社会学部博士課程へと進む。Ph.D.。
イェール大学社会学部准教授を経て、現職。
著書に『名誉と順応』『美と礼節の絆』『ハイパーワールド』
(いずれもNTT出版)など。

NHK出版新書 580

自閉症という知性

2019年3月10日　第1刷発行

著者 池上英子
発行者 森永公紀

発行所 NHK出版
〒150-8081東京都渋谷区宇田川町41-1
電話 (0570) 002-247(編集) (0570) 000-321(注文)
http://www.nhk-book.co.jp (ホームページ)
振替 00110-1-49701

ブックデザイン albireo

印刷 新藤慶昌堂・近代美術

製本 藤田製本

Printed in Japan ISBN978-4-14-088580-2 C0236